Alpay Kaya

Traumrasse
Kangal
Anatolischer Hirtenhund

Bibliografische Information der Deutschen Nationalbibliothek
Die Deutsche Nationalbibliothek verzeichnet diese Publikation in der Deutschen Nationalbibliografie, detaillierte bibliografische Daten sind im Internet über http://dnb.d-nb.de abrufbar

In diesem Buch nutzen wir manchmal geschlechtsneutrale Begriffe, um den Text flüssiger und leichter lesbar zu gestalten. Das bedeutet jedoch nicht, dass wir die Bedeutung des Geschlechts ignorieren oder herabsetzen. Wir erkennen und schätzen die Vielfalt und Einzigartigkeit jedes Einzelnen. In Fällen, in denen eine geschlechtsspezifische Differenzierung für das Verständnis wichtig ist, haben wir diese beibehalten. Bitte verstehen Sie diese vereinfachte Sprache als Teil unseres Bestrebens, das Lesen für alle so angenehm wie möglich zu gestalten. Danke, dass Sie ein Teil unserer Lese-Community sind.

1. Auflage Juni 2025

Haftungsausschluss
Alle Angaben in diesem Buch wurden sorgfältig recherchiert, sie erheben aber keinen Anspruch auf Vollständigkeit oder frei von Fehlern zu sein. Die aufgeführten Inhalte dienen der allgemeinen Information, im Einzelfall sind sie keineswegs geeignet, auf eine individuelle Beratung oder einen Tierarztbesuch zu verzichten. Insbesondere können weder Autor noch Herausgeber oder Verlag eine Haftung für Schäden oder Verluste übernehmen, die dem Leser dadurch entstehen könnten,dass er ausschließlich auf eine Information vertraut, die er diesem Buch entnimmt.

Verlag: BoD · Books on Demand GmbH, Überseering 33,
22297 Hamburg, bod@bod.de
Druck: Libri Plureos GmbH, Friedensallee 273, 22763 Hamburg
ISBN: 978-3-7693-8956-2

Bildnachweis:
Cover und Fotos im Buch: adobe stock, Pixabay, Wikipedia, Ki-generiert
Illustrationen im Buch: adobe stock - Igor Zakowski, adobe stock - ilyakalinin

Inhaltsverzeichnis

Liebe Leserinnen und Leser,

als ich begann, diesen Ratgeber zu schreiben, fühlte es sich an, als würde ich eine Liebeserklärung an einen außergewöhnlichen Weggefährten verfassen – an eine Hunderasse, die mich seit vielen Jahren fasziniert und mein Herz auf eine ganz besondere, tiefgründige Weise erobert hat:

Der Kangal – auch bekannt als Anatolischer Hirtenhund.

Vielleicht fragen Sie sich, was gerade diesen Hund für mich so einzigartig macht. Es ist seine stille Souveränität, seine unerschütterliche Loyalität zu „seinen" Menschen und seine bemerkenswerte Intelligenz, die sich nicht laut, sondern in ruhigem Beobachten und überlegtem Handeln zeigt.

Der Kangal drängt sich nicht auf – und doch ist er immer da.
Er sieht, was wir oft übersehen.
Er beschützt mit Würde, nicht mit Aggression.
Er hat die Stärke eines Bären, den Instinkt eines alten Hirten und das Herz eines treuen Freundes.

Mit diesem Buch lade ich Sie ein, die faszinierende Welt des Kangals kennenzulernen. Ich möchte Ihnen seine bewegte Geschichte näherbringen – von seinen Wurzeln als stolzer Hirtenhund in den Weiten Anatoliens bis hin zu seinem Platz als verlässlicher Beschützer und ruhiger Familienhund im heutigen Alltag.

Sie erfahren, wie Sie einen Kangal-Welpen aufnehmen, ihm mit Geduld und Klarheit begegnen und ihn mit Respekt und Konsequenz erziehen – denn ein Kangal verlangt keine Strenge, sondern eine starke, vertrauensvolle Führung.

Mir liegt besonders das harmonische Miteinander zwischen Mensch und Hund am Herzen – vor allem im Familienalltag. Richtig geführt, kann der Kangal ein beeindruckend sanfter und feinfühliger Begleiter für Kinder und Erwachsene sein.

Natürlich gehen wir auch auf Themen wie artgerechte Haltung, Pflege, Ernährung und sinnvolle Beschäftigung ein – denn ein ausgelasteter, körperlich wie geistig gesunder Kangal ist ein ausgeglichener Partner. Und was gibt es Schöneres, als mit einem solchen Hund den Alltag oder gemeinsame Ausflüge in die Natur zu erleben?

Auch gesundheitliche Aspekte werden berücksichtigt: Der Kangal ist eine robuste Rasse, doch wie jeder Hund bringt er individuelle Eigenheiten mit, auf die verantwortungsvolle Halter achten sollten.

Dieses Buch ist für mich ein Herzensprojekt. Es ist aus meiner tiefen Wertschätzung für diese urtümliche, würdevolle Hunderasse entstanden. Ob Sie bereits mit einem Kangal leben oder überlegen, einem solchen Hund ein Zuhause zu schenken – ich hoffe, dass Sie in diesem Ratgeber wertvolle Einblicke, praktische Hilfen und vielleicht auch ein wenig von dem Zauber finden, den dieser Hund ausstrahlt.

Begleiten Sie mich auf dieser Reise – und entdecken Sie die stille Größe, die Kraft und das Herz des Kangals.

Ich wünsche Ihnen ein bereicherndes und berührendes Leseerlebnis!
Ihr Alpay Kaya & Team

Zu diesem Buch

Zum Beginn noch ein paar Infos für Sie.

Dieses Buch wurde mit viel Liebe und Sorgfalt gestaltet, um sowohl erfahrenen Hundehaltern als auch Neulingen in der Welt der Hunde einen wertvollen Begleiter zu bieten. Ob Sie sich schon lange mit Hunden umgeben oder ob Sie zum ersten Mal einen vierbeinigen Freund in Ihr Leben einladen, Sie finden hier wertvolle Informationen und Ratschläge.

Das Buch ist so aufgebaut, dass es allgemeine Themen rund um das Leben mit einem Hund behandelt, sowie spezielle Aspekte, die für den Kangal typisch sind. Jedes Kapitel beginnt mit allgemeinen Informationen und Ratschlägen zu Themen wie Ernährung, Erziehung, Pflege und Gesundheit. Anschließend finden Sie spezielle Abschnitte, die auf die Bedürfnisse und Besonderheiten der Rasse eingehen.

Diese speziellen Abschnitte sind für Sie besonders wichtig. Sie bieten tiefere Einblicke und detailliertere Informationen, die auf die speziellen Anforderungen und Eigenheiten dieser faszinierenden Hunde abgestimmt sind.

Egal, ob Sie gerade erst beginnen, sich für den Kangal zu interessieren, oder ob Sie bereits ein erfahrener Halter dieser Rasse sind – dieses Buch ist so gestaltet, dass es Ihnen hilft, Ihr Wissen zu vertiefen und Ihren Hund besser zu verstehen.

Ich lade Sie ein, dieses Buch in Ihrem eigenen Tempo zu lesen. Sie können es von Anfang bis Ende lesen oder zu speziellen Themen springen, die Sie besonders interessieren.

Vergessen Sie nicht, dass jeder Hund ein Individuum ist und es immer Ausnahmen von der Regel gibt. Nutzen Sie dieses Buch als Leitfaden, aber hören Sie auch auf Ihr Bauchgefühl und die Signale, die Ihr Hund Ihnen gibt.

Ich wünsche Ihnen viel Freude beim Lesen und Entdecken und vor allem ein wundervolles und erfülltes Leben mit Ihrem Kangal.

Doch jetzt genug der Einleitung. Einmal umblättern und es geht los mit unserer gemeinsamen Reise in die wunderbare Welt der Hunde.

So ist der Kangal.

Der Kangal, auch bekannt als Anatolischer Hirtenhund, ist eine außergewöhnliche Hunderasse, die durch Jahrhunderte hinweg in der Türkei, insbesondere in der Region Sivas, als Herdenschutzhund gezüchtet wurde.

Seine Hauptaufgabe: das eigenständige Bewachen großer Viehherden vor Raubtieren wie Wölfen oder Bären – oft weitab vom Menschen, in unwegsamem Gelände und unter harten Bedingungen.

Diese ursprüngliche Aufgabe hat das Wesen des Kangals bis heute stark geprägt – und macht ihn zu einem Hund, der sich deutlich von vielen anderen Rassen unterscheidet.

Wesen und Charakter

Der Kangal ist kein Hund, der sich in den Vordergrund drängt. Er strahlt Ruhe, Souveränität und innere Stärke aus. Diese Gelassenheit bedeutet jedoch keinesfalls Gleichgültigkeit – im Gegenteil: Der Kangal ist stets wachsam, beobachtet sein Umfeld genau und reagiert blitzschnell, wenn er eine reale Bedrohung wahrnimmt. Dabei greift er nicht unüberlegt ein, sondern handelt überlegt und gezielt – genau so, wie es ein Herdenschutzhund tun sollte.

Tief in seiner Natur verankert ist ein ausgeprägter Schutztrieb. Seine Familie, sein Zuhause, sein „Territorium" bedeuten ihm alles – und er verteidigt sie mit Entschlossenheit, wenn es nötig ist.

Dabei ist er nicht aggressiv, sondern reagiert mit Bedacht. Fremden gegenüber zeigt er sich meist reserviert, manchmal misstrauisch, aber niemals grundlos angriffslustig.

Bindung und Sozialverhalten

Trotz seiner Unabhängigkeit ist der Kangal ein zutiefst loyaler und menschenbezogener Hund. Hat er einmal Vertrauen gefasst, bindet er sich eng an seine Bezugsperson(en). Er beobachtet aufmerksam, merkt sich Verhaltensmuster und reagiert feinfühlig auf Stimmungen.

Im familiären Umfeld zeigt er sich oft überraschend sanft, besonders im Umgang mit Kindern – vorausgesetzt, der Hund wurde gut sozialisiert und respektvoll geführt.

Allerdings: Ein Kangal erwartet ebenfalls Respekt. Er ist kein Befehlsempfänger, sondern ein selbstständig denkender Partner. Druck oder Härte wirken bei ihm nicht – wer sich auf die Kommunikation mit ihm einlässt, wird jedoch mit einer tiefen, stillen Verbindung belohnt.

Erziehung und Haltung

Die Erziehung eines Kangals erfordert Erfahrung, Geduld und Konsequenz. Er braucht eine klare, ruhige Führung – Menschen, die ihm Orientierung geben, ohne ihn zu unterwerfen.

Wer ihn mit Fairness, Struktur und Respekt behandelt, hat gute Chancen, einen ausgeglichenen und verlässlichen Hund an seiner Seite zu haben.

Kangals sind nicht für das Leben in der Stadt oder in kleinen Wohnungen gemacht. Sie benötigen viel Platz, Freiraum und die Möglichkeit, ihre Umwelt zu überblicken. Ideal ist ein ländliches Umfeld mit einem großen, sicher eingezäunten Grundstück.

Wichtig: Ein Kangal muss nicht ständig beschäftigt oder „bespaßt" werden – aber er möchte ernst genommen werden und braucht eine sinnvolle Aufgabe oder zumindest eine Umgebung, in der er seine Schutzfunktion ausleben darf.

Besonderheiten und Anforderungen

Der Kangal ist eine körperlich robuste, meist gesunde Rasse. Dennoch sollte man sich mit seinen Bedürfnissen gut auseinandersetzen: Dazu gehören die richtige Ernährung, eine ruhige Umgebung, konsequente Sozialisierung und regelmäßige tierärztliche Kontrolle.

Auch der Kontakt zu Artgenossen sollte bewusst gestaltet werden – denn viele Kangals dulden keine fremden Hunde in ihrem Revier, besonders dann nicht, wenn sie „ihre" Menschen oder Tiere schützen wollen.

Fazit: Ein Hund voller Würde und Verantwortung

Der Kangal ist kein Hund für jedermann – aber für die richtigen Menschen ist er ein unvergleichlicher Begleiter.

Er verkörpert Würde, Kraft und Besonnenheit. Wer ihn versteht, respektiert und ihm das gibt, was er braucht, findet in ihm einen treuen Freund, der mit Ruhe, Stärke und einem großen Herzen durchs Leben geht.

Ein souveräner Bewacher!

„Die bessere Hälfte des Menschen ist sein Hund.“ -
Friedrich Nietzsche

Braucht man Erfahrung?

Kurz gesagt: Ja, unbedingt.

Der Kangal – oder Anatolische Hirtenhund – ist keine Hunderasse für Anfänger. Wer mit dem Gedanken spielt, einen Kangal in sein Leben zu holen, sollte sich im Vorfeld intensiv mit seinem Wesen, seinen Bedürfnissen und seiner ursprünglichen Aufgabe als Herdenschutzhund auseinandersetzen. Diese Rasse bringt Eigenschaften mit, die Erfahrung, Fachwissen und eine starke, ruhige Führungspersönlichkeit erfordern.

Ein selbstständiger Denker mit starkem Charakter

Kangals wurden über Jahrhunderte hinweg gezüchtet, um eigenverantwortlich große Viehherden vor Raubtieren zu schützen – oft ohne direkten Kontakt zum Menschen.

Das bedeutet: Der Kangal trifft Entscheidungen selbstständig, zeigt ein ausgeprägtes Territorialverhalten und lässt sich nicht einfach durch klassische Kommandos führen. Wer erwartet, dass ein Kangal „gehorcht" wie ein Schäferhund oder Retriever, wird schnell an seine Grenzen stoßen.

Erziehung bedeutet beim Kangal nicht „Abrichten", sondern Führen durch Respekt, Vertrauen und Klarheit. Das verlangt viel Geduld, Souveränität und ein gutes Gespür für Hundeverhalten. Unsicherheit, Wankelmut oder inkonsequentes Verhalten verunsichern den Hund – und können im schlimmsten Fall dazu führen, dass er selbst die Führung übernimmt.

Spezielle Anforderungen an Haltung und Umfeld

Neben der Erfahrung im Umgang mit selbstständigen, großwüchsigen Hunden spielt auch das Umfeld eine entscheidende Rolle.

Ein Kangal braucht Platz, Bewegung, geistige Auslastung – und vor allem die Möglichkeit, seine Umwelt im Blick zu behalten. Ein Haus mit großem, sicher eingezäuntem Grundstück ist in der Regel Voraussetzung. Das Leben in einer Etagenwohnung oder mitten in der Stadt wird weder dem Hund noch dem Halter gerecht.

Außerdem ist der Kangal kein Hund, der sich mit jedem Artgenossen versteht oder fremde Menschen sofort willkommen heißt. Eine gute Sozialisierung und kontrollierte Kontakte von klein auf sind daher essenziell – auch hier braucht es Wissen, Geduld und vorausschauendes Handeln.

Fazit: Ein Hund für Menschen mit Erfahrung, Verantwortung und Weitblick

Der Kangal ist eine beeindruckende, kraftvolle und loyale Rasse – aber er fordert seinen Menschen. Wer bereits Erfahrung mit selbstständig denkenden, charakterstarken Hunden hat und bereit ist, Zeit, Wissen und Herz in eine artgerechte Haltung zu investieren, wird im Kangal einen würdevollen und treuen Partner finden.

Für Hundeanfänger ist diese Rasse jedoch nicht geeignet. Ein Kangal will verstanden und ernst genommen werden – nur dann entfaltet er sein volles Potenzial als ruhiger Wächter und treuer Familienhund.

Wetterfestes Fell.

Das Fell und die Farben dieser Rasse.

Das Fell des Kangals ist genauso funktional wie charakteristisch:

Es schützt ihn zuverlässig vor extremen Witterungsbedingungen, reflektiert seine ursprüngliche Lebensweise in den kargen Höhen Anatoliens – und verleiht ihm zugleich seine markante, würdevolle Erscheinung.

Sandfarben mit Maske.

Fellstruktur: robust, wetterfest und pflegeleicht

Der Kangal besitzt ein dichtes, mittellanges bis kurzes Stockhaar mit einer ausgeprägten, wolligen Unterwolle. Dieses dichte Unterfell sorgt für hervorragende Isolation – sowohl gegen Kälte als auch gegen Hitze.

In den Hochlagen der Türkei, wo die Temperaturschwankungen zwischen Tag und Nacht enorm sein können, ist ein solches Fell lebenswichtig.

Im Winter wird das Fell dichter und plüschiger, während es im Sommer teilweise ausgedünnt wird. Besonders auffällig ist der Fellwechsel im Frühjahr und Herbst, bei dem die Unterwolle stark abgestoßen wird. In dieser Zeit benötigt der Hund etwas mehr Unterstützung bei der Fellpflege – regelmäßiges Bürsten reicht dabei in der Regel aus.

Ein großer Vorteil: Das Kangal-Fell neigt kaum zum Verfilzen und ist relativ schmutzunempfindlich. Ein gesunder, artgerecht gehaltener Kangal reinigt sich oft selbst und riecht in der Regel wenig nach „Hund".

Typische Farben: Sandfarben mit Maske

Die bei weitem bekannteste und anerkannteste Farbe des Kangals ist sandfarben bis hellfalb, oft mit einem leicht gelblich-beigen oder grauen Ton.

Dazu gehört die für die Rasse typische dunkle Gesichtsmaske, die bis über die Schnauze und um die Augen reichen kann. Diese sogenannte „Maske" ist ein markantes Erkennungsmerkmal des Kangals und unterstreicht seinen wachsamen, ernsten Ausdruck.

Auch die Ohren sind in der Regel dunkel gefärbt, was zusammen mit der Maske ein harmonisches Bild ergibt. Weiße Abzeichen an Brust oder Pfoten können vorkommen, gelten aber in vielen Zuchtstandards als unerwünscht.

Farbenvielfalt – aber mit Grenzen

Gelegentlich treten beim Anatolischen Hirtenhund (in weiteren Linien außerhalb des klassischen Kangals) auch andere Farben auf – etwa grau, gestromt oder rein weiß.

Diese Farbvarianten stammen meist aus Kreuzungen mit anderen anatolischen Schlägen oder regionalen Typen (z. B. Akbash oder Karabash) und entsprechen nicht immer dem traditionellen Kangal-Typ, wie er in der Türkei definiert ist.

In der Türkei wird großer Wert auf die rein sandfarbene Variante mit dunkler Maske gelegt – sie gilt als „echter" Kangal.

Auch international, etwa in Deutschland oder in Zuchtverbänden wie der FCI, orientieren sich die Standards überwiegend an diesem klassischen Erscheinungsbild.

Gestromt.

Fazit: Natürlich, funktional, charakteristisch

Das Fell des Kangals ist nicht spektakulär bunt – aber es ist funktional, robust und symbolträchtig.

Es schützt ihn in seiner ursprünglichen Umgebung, spiegelt seine Herkunft wider und verleiht ihm einen würdevollen, naturnahen Ausdruck.

Die typische sandfarbene Fellfarbe mit dunkler Maske macht den Kangal unverwechselbar – ein Zeichen seiner Ursprünglichkeit und seines einzigartigen Charakters.

Hübsche Zwerge.

Bis zu ca. 70 Kg Gewicht werden erreicht.

Der Kangal – oder Anatolische Hirtenhund – ist ein beeindruckender, großrahmiger Hund mit einem kräftigen, gut proportionierten Körperbau.

Wie bei vielen großen Rassen verläuft das Wachstum langsam und über einen längeren Zeitraum hinweg.

Eine durchdachte Aufzucht und ein angepasstes Wachstum sind essenziell für ein gesundes, belastbares Hundeleben.

Der Kangal zählt zu den größten und stärksten Hunderassen der Welt. Je nach Zuchtlinie und Geschlecht gibt es leichte Unterschiede, doch allgemein gelten folgende Durchschnittswerte:

Geschlecht	Widerristhöhe (cm)	Gewicht (kg)
Rüden	74 – 85 cm	50 – 70 kg
Hündinnen	70 – 78 cm	40 – 60 kg

Einige besonders kräftige Rüden können in Ausnahmefällen auch die 85-kg-Marke überschreiten, dies ist aber nicht das Zuchtziel und kann mit gesundheitlichen Nachteilen verbunden sein.

Wachstum: Langsam und stetig

Kangals gehören zu den spät entwickelnden Hunderassen. Während kleine Hunderassen ihr Wachstum oft schon nach 6–8 Monaten abschließen, dauert es beim Kangal bis zu 24 oder sogar 30 Monate, bis der Hund körperlich vollständig entwickelt ist.

Die Wachstumsphase verläuft in Etappen:

0–6 Monate: sehr schnelles Wachstum, hohes Energiebedürfnis

6–12 Monate: weiteres Höhenwachstum, Muskulatur beginnt sich aufzubauen

12–24 Monate: Skelettreife, Brustkorb weitet sich, Gewicht stabilisiert sich

ab 24 Monate: vollständige körperliche Reife, mentale Ausgeglichenheit

Wichtig: Eine zu energiereiche Ernährung in der Wachstumsphase kann zu Wachstumsstörungen und Gelenkproblemen führen.

Ziel sollte ein langsames, gleichmäßiges Wachstum sein, das durch hochwertiges, aber nicht überdosiertes Futter unterstützt wird.

Lebenserwartung

Die durchschnittliche Lebenserwartung eines Kangals liegt bei 10 bis 13 Jahren, was für eine so große Rasse ein guter Wert ist.

Eine artgerechte Haltung, regelmäßige Bewegung, gesunde Ernährung und vor allem eine kontrollierte Wachstumsphase in der Jugend tragen wesentlich dazu bei, das Leben des Hundes zu verlängern.

Kangals gelten als robuste Hunde mit guter Konstitution, neigen jedoch – wie viele große Rassen – zu bestimmten gesundheitlichen Problemen wie Hüftgelenksdysplasie (HD), Ellbogendysplasie (ED) oder Magendrehung.

Eine achtsame Zucht und verantwortungsvolle Haltung sind daher besonders wichtig.

Wachstumskurve: Gewicht und Größe nach Alter

Die folgende Tabelle zeigt eine durchschnittliche Wachstumskurve für Kangal-Rüden und -Hündinnen. Es handelt sich um Richtwerte – individuelle Abweichungen sind normal.

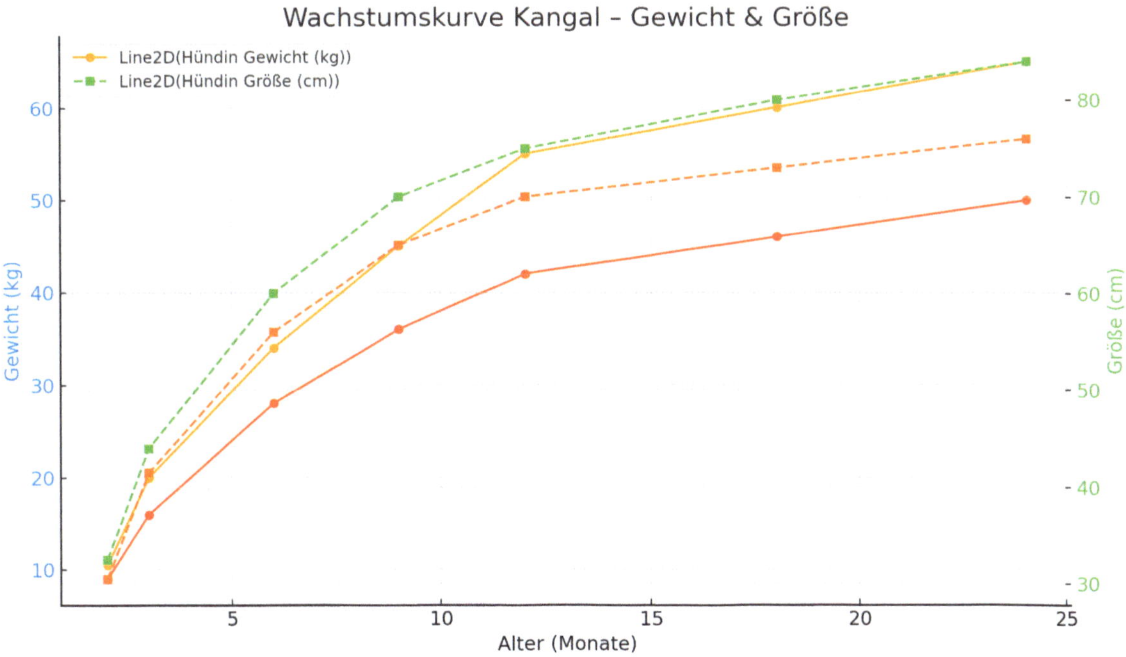

Fazit

Das Wachstum eines Kangals ist ein langfristiger Prozess, der Geduld, Wissen und Fürsorge erfordert.

Nur wer das empfindliche Gleichgewicht zwischen Förderung und Überforderung kennt, legt den Grundstein für ein gesundes, langes Hundeleben. Mit liebevoller Konsequenz, einer artgerechten Haltung und regelmäßiger tierärztlicher Begleitung kann ein Kangal zu einem stattlichen, ausgeglichenen und treuen Gefährten heranwachsen, der seiner Familie viele Jahre zur Seite steht.

Der Kangal im Einsatz

Wo seine Stärke gefragt ist und was ihn zum Spezialisten macht

Der Kangal ist kein gewöhnlicher Hund – er ist ein Profi mit jahrhundertealtem Erfahrungsschatz. Was ihn besonders macht, ist nicht nur seine imposante Erscheinung, sondern seine Fähigkeit, Aufgaben zu übernehmen, bei denen andere Rassen schnell an ihre Grenzen stoßen. Ob im traditionellen Herdenschutz, als verlässlicher Bewacher oder als sozial sensibler Partner: Der Kangal überzeugt durch Instinkt, Selbstständigkeit und Nervenstärke.

Der klassische Einsatz: Herdenschutzhund

Die ursprüngliche und bis heute wichtigste Aufgabe des Kangals ist der Schutz von Viehherden. In seiner Heimat Türkei – insbesondere in der Region Sivas – wird er seit Jahrhunderten dafür gezüchtet, Schafe und Ziegen vor

Raubtieren wie Wölfen, Luchsen oder sogar Bären zu schützen.

Was den Kangal dabei so effektiv macht:

Eigenverantwortliches Handeln: Er trifft Entscheidungen selbstständig, ohne auf Anweisungen angewiesen zu sein.

Revierbewusstsein: Er erkennt „seine“ Herde sofort und verteidigt sie kompromisslos gegen Eindringlinge.

Schutz ohne blinde Aggression: Ein Kangal handelt überlegt – er warnt, stellt sich schützend dazwischen und greift nur ein, wenn es notwendig ist.

Anpassungsfähigkeit: Ob auf offenen Weiden, in Gebirgsregionen oder weiten Steppen – der Kangal passt sich an das Gelände und das Klima an.

In einigen europäischen Ländern – wie der Schweiz, Frankreich oder Italien – werden Kangals und ähnliche Herdenschutzhunde inzwischen gezielt eingesetzt, um Weidetiere vor Rückkehrern wie dem Wolf zu schützen. In Deutschland geschieht dies noch eher vereinzelt, doch das Potenzial ist groß.

Der Kangal als Wächter von Haus und Hof

Auch abseits von Herden erfüllt der Kangal seine Aufgabe als Beschützer mit Souveränität. Viele Halter schätzen ihn als Wachhund auf größeren Grundstücken, Bauernhöfen oder abgelegenen Anwesen. Was ihn dabei von anderen Wachhunden unterscheidet, ist sein stilles, überlegtes Verhalten:

Er bellt nicht grundlos, sondern meldet ernsthaft nur dann, wenn ihm wirklich etwas auffällt.

Er agiert nicht hektisch, sondern mit ruhiger Präsenz – was auf mögliche Eindringlinge oft eine deutlich abschreckendere Wirkung hat als ein lauter, nervöser Hund.

Durch seine imposante Erscheinung allein wirkt er bereits abschreckend, ohne aggressiv aufzutreten.

Wichtig: Ein Kangal ist kein „Zwingerhund“. Wer ihn als Wächter halten möchte, muss ihm engen Familienanschluss ermöglichen – denn seine Loyalität und Schutzbereitschaft sind immer auf „seine“ Menschen ausgerichtet.

Der soziale Spezialist: Kangal in der Familie

So widersprüchlich es zunächst klingen mag – der Kangal ist, richtig sozialisiert und geführt, ein erstaunlich sanfter und geduldiger Hund im familiären Umfeld. Besonders in ländlichen Gegenden leben Kangals oft als Teil der Familie und sind eng in den Alltag eingebunden.

Was ihn in diesem Bereich besonders macht:

Kinderfreundlich: Er ist sehr feinfühlig und lässt sich von kindlichem Verhalten nicht so leicht aus der Ruhe bringen. Er beobachtet aufmerksam und hält Abstand, wenn nötig.

Tolerant gegenüber anderen Tieren: Wenn von klein auf an andere Haustiere gewöhnt, zeigt er sich oft erstaunlich ruhig und duldsam.

Verlässlicher Begleiter: Bei Spaziergängen in ruhiger Umgebung geht er gelassen mit, beobachtet genau und bleibt stets aufmerksam.

Dennoch gilt: Der Kangal ist kein Spielgefährte – er ist ein stiller Begleiter, ein würdevoller Partner, der mit Respekt und Klarheit geführt werden will.

Weitere Einsatzbereiche – mit Einschränkungen

Obwohl der Kangal viele beeindruckende Fähigkeiten mitbringt, ist er nicht für jeden Zweck geeignet. Für klassische Diensthundeeinsätze bei Polizei oder Militär ist er z. B. zu selbstständig und reagiert nicht zuverlässig auf Kommandos unter extremem Druck. Auch in der reinen Sporthundeszene fühlt er sich selten wohl – er arbeitet nicht für Lob oder Belohnung, sondern nur aus innerer Überzeugung.

Mögliche zusätzliche Aufgaben (bei geeigneter Führung und Haltung):

Therapiehund auf dem Land – in ruhiger Umgebung, mit ausreichend Abstand und klaren Strukturen

Begleiter bei Wanderungen oder Hofbesuchen – mit seiner Kondition und seinem Schutzinstinkt eignet er sich ideal für ausgedehnte Touren in der Natur

Wächter für Tierheime, Weiden, Stallungen – überall dort, wo Schutz, Ruhe und Selbstständigkeit gefragt sind

Er kann auch in Familie :-)

Fazit: Der Kangal ist ein Profi auf seinem Gebiet

Der Kangal ist kein „Allrounder", sondern ein Spezialist – ein Profi im Herdenschutz, ein aufmerksamer Wächter und ein treuer Familienbegleiter mit klaren Grenzen. Seine besonderen Fähigkeiten entfalten sich vor allem dann, wenn man ihn in seinem Wesen versteht, nicht verbiegen will und ihm die Möglichkeit gibt, seine natürlichen Instinkte sinnvoll einzusetzen.

Wer das erkennt und ihm den richtigen Platz gibt, holt sich nicht nur einen Hund ins Haus – sondern einen Partner mit Verantwortung, Würde und jahrhundertealter Erfahrung.

Die Zeichnung ist stilistisch an klassische Kupferstiche oder Federzeichnungen des 18. bis frühen 20. Jahrhunderts angelehnt. Zeitraum zwischen ca. 1850 und 1920

Ursprung und Entwicklung der Rasse

Herkunft und geschichtlicher Hintergrund

Der Kangal ist eine imposante und traditionsreiche Hunderasse, die ihren Ursprung in der zentralanatolischen Region Sivas in der heutigen Türkei hat.

Die Stadt Kangal, nach der die Rasse benannt ist, liegt im gleichnamigen Landkreis in der Provinz Sivas und ist das geografische Zentrum der Entstehung dieser Hunderasse.

Schon seit Jahrhunderten – manche Quellen sprechen sogar von Jahrtausenden – wird der Kangal dort als Schutzhund für Viehherden eingesetzt.

Die Entwicklung des Kangals ist eng mit der nomadischen Lebensweise anatolischer Hirten verknüpft.

Diese Hirten benötigten einen treuen, kräftigen und mutigen Hund, der ihre Schafe und Ziegen vor gefährlichen Raubtieren wie Wölfen, Bären und Schakalen schützen konnte.

In dieser rauen Umgebung wurden Hunde gezielt nach Leistungsfähigkeit, Wachsamkeit und Robustheit selektiert – weniger nach äußerlichen Schönheitsmerkmalen. So entstand eine Gebrauchshunderasse, deren Merkmale über Generationen hinweg durch natürliche Selektion und gezielte Zucht gefestigt wurden.

Körperliche Merkmale

Der Kangal ist ein großer, kräftiger und muskulöser Hund mit einem selbstbewussten und wachsamen Auftreten.

Rüden erreichen Schulterhöhen von bis zu 85 cm und können über 60 kg wiegen. Hündinnen sind etwas kleiner und leichter. Typisch für den Kangal ist sein kurzes, dichtes Fell in verschiedenen Beige- bis Grautönen sowie die sogenannte „Maske", also eine schwarze Färbung von Fang und Ohren. Auch der geringelte, über den Rücken getragene Schwanz ist ein charakteristisches Merkmal.

Die körperliche Stärke des Kangals ist legendär – insbesondere sein Kieferdruck, der zu den stärksten im gesamten Hundereich gehört.

Dennoch ist der Kangal kein aggressiver Hund, sondern bekannt für seine Loyalität, Souveränität und Gelassenheit.

Verhalten und Wesen

Kangals sind hochintelligente und selbstständig arbeitende Hunde, die es gewohnt sind, in freiem Gelände unabhängig Entscheidungen zu treffen.

Dieses Verhalten macht sie zu ausgezeichneten Herdenschutzhunden, aber auch zu einer Herausforderung für unerfahrene Hundehalter.

Ein Kangal handelt nicht auf Kommando wie ein typischer Gebrauchshund, sondern wägt Situationen eigenständig ab – was im Herdenschutz sehr wertvoll, im Alltag aber auch anspruchsvoll sein kann.

Seinem Rudel – ob tierisch oder menschlich – ist der Kangal in hohem Maß treu und schützend verbunden.

Er ist in der Regel wachsam, aber nicht übermäßig bellfreudig, und greift nur im Ernstfall ein. Dabei zeigt er ein ausgeprägtes Territorialverhalten, was bei Haltung in Wohngebieten berücksichtigt werden muss.

Der Kangal im heutigen Kontext

Während der Kangal in der Türkei bis heute eine zentrale Rolle im traditionellen Herdenleben spielt, hat er auch international Aufmerksamkeit gewonnen.

In einigen Ländern wird der Kangal als Bestandteil von Programmen zum Schutz von Nutztieren gegen Raubtiere eingesetzt – etwa in den USA oder Südafrika, wo er sich als effektive und umweltfreundliche Alternative zu Jagd und Gift bewährt hat.

International wurde der Kangal lange unter dem Oberbegriff „Anatolischer Hirtenhund" geführt.

Dies führte zu Unklarheiten, da darunter auch andere regionale Schläge zusammengefasst wurden. Erst im Jahr 2018 erkannte die Fédération Cynologique Internationale (FCI) den Kangal als eigenständige Rasse an (Standard Nr. 331). Der Standard betont die Herkunft aus Kangal/Sivas und grenzt die Rasse klar von anderen anatolischen Hirtenhunden ab.

Zucht und Haltung

In der Türkei unterliegt die Zucht des Kangals strengen Kontrollen, auch als Teil des kulturellen Erbes. Im Ausland wird zunehmend Wert auf eine verantwortungsvolle Zucht gelegt, um die rassetypischen Merkmale zu erhalten und Missbrauch durch ungeeignete Haltungsbedingungen zu vermeiden.

Ein Kangal benötigt viel Platz, eine klare Bezugsperson und Aufgaben, die seiner natürlichen Veranlagung entsprechen.

Er eignet sich nicht für eine Haltung in der Wohnung oder für Anfänger. Mit der richtigen Führung jedoch ist er ein treuer, würdevoller und äußerst beeindruckender Gefährte.

Ein perfekter Schutzhund.

„Ein Hund weiß nicht, wie man Liebe schreibt –
aber er zeigt sie jeden Tag.“
-Unbekannt-

Herdenschutzhunde / Hütehunde der FCI-Gruppe 2.

Allgemeines zur FCI-Gruppe 2

Die Fédération Cynologique Internationale (FCI) teilt anerkannte Hunderassen in verschiedene Gruppen ein.

Gruppe 2 umfasst drei große Sektionen:
Pinscher und Schnauzer, Molossoide
Schweizer Sennenhunde
Andere verwandte Rassen

Innerhalb dieser Gruppe finden sich nicht nur klassische Begleit- oder Wachhunde, sondern auch eine besondere Kategorie: Herdenschutzhunde und Hütehunde vom Molosser-Typ.

Diese Hunde unterscheiden sich deutlich von typischen Hütehunden der FCI-Gruppe 1 (z. B. Border Collie), da sie weniger treibend, dafür stark beschützend wirken. Ihre Aufgabe bestand darin, Herden eigenständig zu bewachen und zu verteidigen, oft über große Flächen hinweg, ohne ständigen Kontakt zum Menschen.

Gemeinsame Merkmale dieser Hüte- und Schutzhunde

Hütehunde der FCI-Gruppe 2 zeichnen sich durch folgende Eigenschaften aus:

Robuste Konstitution: Kräftiger Körperbau, oft großrahmig mit viel Muskulatur.

Selbstständigkeit: Sie agieren auch ohne direkte Anweisungen und sind entscheidungsfreudig.

Schutzinstinkt: Starker Territorialtrieb und ausgeprägte Wachsamkeit gegenüber Fremden.

Bindung: Loyal und anhänglich gegenüber ihrer Familie oder Bezugsperson.

Geringer Jagdtrieb: Im Vergleich zu anderen Hütehunden jagen sie selten, sind aber sehr aufmerksam.

Diese Hunde sind keine Anfängerhunde und benötigen viel Platz, klare Führung und ein sicheres Umfeld.

Beispiele für Hüte- und Herdenschutzhunde der FCI-Gruppe 2

Kangal (Türkei)

Ein mächtiger Herdenschutzhund aus Anatolien, bekannt für seine Gelassenheit, Stärke und beeindruckende Schutzbereitschaft. Der Kangal bewacht Viehherden zuverlässig und reagiert mit überlegtem Handeln statt unkontrollierter Aggression. In der Türkei ein Nationalheiligtum.

Cao da Serra da Estrela (Portugal)

Auch „Estrela-Berghund" genannt. Dieser portugiesische Hütehund wird seit Jahrhunderten zur Herdenbewachung in Gebirgsregionen eingesetzt. Er ist intelligent, ruhig und sehr loyal. Durch sein dickes Fell ist er bestens für raues Klima geeignet.

Kaukasischer Owtscharka (Russland/Kaukasus)

Ein imposanter, oft furchteinflößend wirkender Hund, der als Schutzhund für Herden, Höfe und Grenzen diente. Der Kaukasier ist sehr selbstständig, hat ein starkes Revierverhalten und benötigt eine konsequente Erziehung.

Mastín Español (Spanien)

Ein freundlicher, aber wuchtiger Herdenschutzhund aus Spanien. Er schützt Schafherden vor Wölfen und ist für seine ruhige, friedliche Natur bekannt – solange keine Bedrohung vorliegt. Seine Bewegungen sind gelassen, sein Blick wachsam.

Tornjak (Bosnien & Kroatien)

Ein alter, fast ausgestorbener Herdenschutzhund, der heute wieder vermehrt gezüchtet wird. Der Tornjak ist wachsam, territorial und gleichzeitig ausgeglichen im Umgang mit vertrauten Menschen. Er bewacht ruhig, aber entschlossen.

Haltungshinweis

Diese Hunde brauchen viel Platz, eine sinnvolle Aufgabe und einen verantwortungsvollen Halter, der ihr natürliches Verhalten versteht und lenkt.

In urbaner Umgebung sind sie oft überfordert oder entwickeln Verhaltensauffälligkeiten, wenn sie nicht artgerecht beschäftigt werden.

Kangal,Estrela, Owtscharka, Mastin

„Hunde sind nicht unser ganzes Leben, aber sie machen unser Leben ganz.“ - Roger Caras

Der Kangal zieht ein.

Na also, endlich ist es so weit! Ihr ausgesuchter Welpe hat jetzt das richtige Alter und Sie können ihn beim Züchter abholen. Was für ein Hammer-Tag!

Oder vielleicht haben Sie sich ja auch für einen älteren Hund entschieden, der einen ganz anderen Background hat. Egal, wie es aussieht - heute steht Ihre Welt auf dem Kopf.

Aber bevor Ihr neuer pelziger Kumpel bei Ihnen einzieht, gibt es ein paar Dinge, die Sie im Kopf behalten und ein paar Vorbereitungen, die Sie treffen sollten.

Woher bekommen Sie Ihren Hund?
Das ist wirklich eine der ersten Fragen, die Sie sich stellen sollten, wenn Sie darüber nachdenken, einen Hund zu holen.

Grundsätzlich haben Sie drei Wege, um an einen typgerechten Welpen zu kommen:

- Kommerzielle Händler
- Verantwortungsbewusste Züchter
- Tierheim

Eins vorweg: Lassen Sie die Finger von kommerziellen Händlern. Die behandeln die Tiere nur wie Ware und scheren sich überhaupt nicht darum, was nach dem Kauf mit den Hunden oder den neuen Besitzern passiert. Sozialisierung und Prägung? Fehlanzeige. Probleme später? Garantiert. Außerdem würden Sie mit einem solchen Kauf dieses teilweise wirklich miese Geschäft unterstützen. Was zuerst wie ein Schnäppchen aussieht, kann schnell zu einer Kostenfalle werden, wenn die Tierarztrechnungen kommen.

Erfahrene Hundehalter können natürlich einem Vierbeiner aus dem Tierheim eine Chance geben. Aber bedenken Sie, diese Tiere sind oft schon geprägt und man weiß nicht immer, unter welchen Bedingungen sie vorher gelebt haben. Schnappen Sie sich nicht voreilig einen dieser armen Kerle - wenn Sie nicht mit ihm zurechtkommen, landet er oft wieder im Tierheim und der Hund ist der Leidtragende. 2nd-Hand-Hunde sind eher etwas für Leute, die viel Zeit, Geduld und Erfahrung mit Hunden haben.

Ihre beste Chance, einen gesunden und typischen Welpen zu bekommen, haben Sie definitiv bei einem seriösen Züchter. Klar, ein gut sozialisierter und liebevoll geprägter Hund ist dort nicht zum Ramschpreis zu haben - aber Sie bekommen wahrscheinlich einen rassetypischen Hund, an dem Sie viele Jahre lang Spaß haben werden.

VDH-Züchter
(auch ÖKV/SKG)

Auf der Suche nach einem guten Züchter sollten Sie sich am besten an die Rassezuchtvereine im VDH (ÖKV, SKG) wenden. Die Kontaktdaten finden Sie im Service-Teil dieses Buches.
Der Verband für das Deutsche Hundewesen (VDH) ist sozusagen die deutsche Dachorganisation für Hundezucht und achtet streng darauf, dass nur vertrauenswürdige Züchter in den angeschlossenen Vereinen für Nachwuchs sorgen. Züchter, die im VDH sind, halten sich an die Regeln, paaren nur geeignete Hunde und kümmern sich von Tag eins an um die Gesundheit ihrer Welpen.

Ein VDH-Züchter bietet Ihnen daher maximale Sicherheit bei der Wahl Ihres neuen Familienmitglieds. Das Gleiche gilt für ÖKV und SKG.

Klar, nicht jeder Züchter, der nicht im Verband ist, muss unseriös sein. Aber sicher ist sicher, oder?

Welcher Welpe soll es sein?

Schon bei der Auswahl des Welpen können die ersten Fehler passieren - oft geht es ja nur darum, wer von der Bande gerade der „Niedlichste" ist. Aber das ist genauso daneben, als würden Sie sich ein Auto nur nach der Farbe aussuchen. Wenn Sie nur ein paar Kilometer durch die Stadt zum Einkaufen fahren, brauchen Sie ein anderes Auto als wenn Sie jeden Tag bei Wind und Wetter von Hamburg nach München düsen würden - da spielt die Farbe wirklich die kleinste Rolle.

Genauso ist es bei Ihrem Welpen. Nicht der süßeste Welpe ist der richtige, sondern der, der am besten zu Ihnen passt. Haben Sie die Erfahrung und die Ruhe, um einem ängstlichen kleinen Kerl ins Leben zu helfen oder sollte es ein total aufgeschlossener Welpe sein? Mögen Sie eher einen ruhigen Hund oder einen, der immer Action will?

Sie sehen schon, es geht nicht ums Aussehen, sondern um den Charakter Ihres neuen Familienmitglieds, mit dem Sie ja locker 10-15 Jahre zusammen sein werden.

Jetzt verstehen Sie bestimmt auch, warum der Züchter Ihnen so viele, teilweise wirklich private Fragen stellt - er will herausfinden, wie Sie „ticken", um Ihnen dann den Hund zu zeigen, der am ehesten Ihren Wünschen und Anforderungen entspricht. Vertrauen Sie ihm - er kennt seine Hunde in- und auswendig und hat meistens auch ein gutes Gespür für Menschen. Der Züchter wird alles tun, um sicherzustellen, dass es seinem Welpen gut geht und er den passendsten Besitzer bekommt.

Gesunder Stammbaum

Achten Sie darauf, dass Ihr junger Hund aus einer soliden Zucht stammt und seine Eltern gesund, rassetypisch und charakterstark sind. Ein guter Züchter kann Ihnen jederzeit die Mutterhündin zeigen, denn sie lebt ja bei ihm. Und er wird Ihnen eine Ahnentafel zeigen, die genau aufzeigt, woher der kleine Hund kommt, ausgestellt vom Rassezuchtverein. Dazu sollte er die nötigen Impfungen nachweisen können, denn bei der Übergabe an Sie sollte der

Welpe mindestens gegen Staupe, ansteckende Hepatitis, Leptospirose und Parvovirose geimpft und entwurmt sein.
Wenn Sie irgendwelche Zweifel haben, fragen Sie einfach beim zuständigen Rassezuchtverein nach. Die sind immer froh, wenn sie gegen unseriöse Hundevermehrer und -händler vorgehen können. Alle, die die Rasse wirklich lieben und sich um ihre Erhaltung kümmern, sind dabei auf Ihrer Seite.

Rüde oder Hündin?

„Rüden schließen sich nur dem Mann in der Familie an und sind schwieriger zu erziehen, Hündinnen sind anhänglicher." Vergessen Sie solche Pauschalurteile, jeder Hund ist anders. Letztlich hängt die Wahl des Geschlechts wahrscheinlich von Ihren eigenen Vorlieben und praktischen Überlegungen ab. Wenn Sie später selbst züchten wollen, brauchen Sie natürlich eine Hündin. Ansonsten sollten Sie sich die Unterschiede zwischen den Geschlechtern klar machen. Eine Hündin wird zweimal im Jahr läufig und verändert sich dann auch im Verhalten; unbeaufsichtigt kann sie auch schwanger werden. Während der Läufigkeit kann sie ein paar Tropfen Blut verlieren. Ein Rüde dagegen wird auf läufige Hündinnen reagieren, manchmal so stark, dass er tagelang jaulend an der Tür kratzt. Mein Tipp: Schauen Sie sich schon vor dem Hundekauf an, ob in Ihrer Nachbarschaft mehr Hündinnen oder Rüden sind - wenn Sie sich der Mehrheit anschließen, wird das Zusammenleben entspannter. Wenn Sie schon einen Hund haben und sich einen weiteren dazuholen wollen, passen Sie auf, dass Sie nicht zwei Rüden zusammenhalten - das kann oft zu ordentlich Zoff führen. Aber auch unter Hündinnen kann es Streit geben, am geringsten ist das Risiko, wenn Sie einen Rüden und eine Hündin haben. Aber passen Sie auf, dass Ihr Mädel nicht ungewollt schwanger wird.

Wie alt sollte der Welpe sein?

So verlockend es auch sein mag - Sie sollten Ihren Welpen nicht vor der 9. oder 10. Lebenswoche abholen. Ein verantwortungsbewusster Züchter wird Ihnen den Hund auch nicht früher geben, und er kann es auch gar nicht, weil der kleine Hund frühestens in der 8. Woche geimpft und gechipt wird.

Kosten für den Hund

Bevor Sie sich einen Hund zulegen, sollten Sie zumindest grob die Kosten für ein solches Tier überschlagen. Es muss sichergestellt sein, dass Sie diese nicht nur jetzt, sondern über die gesamte Lebensdauer des Hundes tragen können - immerhin kann Ihr Hund Sie gut und gerne 10 oder mehr Jahre begleiten, und eine Trennung aus finanziellen Gründen sollte unbedingt vermieden werden.

Die folgenden Punkte zeigen auf, was auf jeden Fall auf Sie zukommt. Mehrkosten für zusätzliches Spielzeug, Leckereien, Hundehütte, Autoausstattung usw. hängen davon ab, was Sie alles für Ihr Tier anschaffen wollen.

Anschaffung
Im Vergleich zum gesamten Hundeleben sind die Kosten für die Anschaffung Ihres Vierbeiners die geringsten, also versuchen Sie nicht hier zu sparen. Der vermeintlich günstige Welpe vom Hundevermehrer verursacht oft später hohe Tierarztkosten.
Bei einem Züchter zahlen Sie für Ihren reinrassigen Welpen rund 1.000,- bis 2.000,- €, holen Sie einen Hund aus dem Tierheim, können Sie mit 100,- bis 400,- € rechnen.

Grundausstattung
Für Körbchen, Decke, Leine und Co. sollten Sie zu Beginn etwa 150,- € einplanen, für Ersatz und Neuanschaffungen dürften etwa 100,- € pro Jahr ausreichen.
Ernährung
Die Kosten hierfür richten sich natürlich nach der Qualität des Futters, das Sie Ihrem Vierbeiner anbieten möchten. Sie sollten hier täglich rund 2,- bis 4,- € einplanen, also im Jahr etwa 1.000,- €.

Hundesteuer
Je nach Wohnort liegt die Steuer für Ihren Hund zwischen 20,- und 250,- € pro Jahr.

Versicherung
Für eine solide Haftpflichtversicherung können Sie rund 40,- € pro Jahr rechnen.
Ob Sie eine Krankenversicherung abschließen, sollten Sie sorgfältig überlegen - die Kosten sind mit etwa 60,- € pro Monat ziemlich hoch und der Nutzen lässt sich kaum vorhersagen.

Tierarzt
Mindestens einmal im Jahr sollten Sie einen allgemeinen Check Ihres Hundes vornehmen lassen, hinzu kommen die regelmäßigen Impfungen und Entwurmungen. Natürlich kann Ihr Hund auch mal krank werden, was zu sehr unterschiedlichen Kosten führen kann. Ich denke, mit rund 300,- € pro Jahr haben Sie eine gute Kalkulationsgrundlage.

Hundesteuer

Die Hundesteuer ist quasi die Miete, die Sie für Ihren pelzigen Mitbewohner an Ihre Stadt oder Gemeinde zahlen. Sie hilft, die ganzen Sachen zu bezahlen, die mit Hunden zu tun haben, wie z.B. die Beseitigung von Hinterlassenschaften oder die Einrichtung von Hundespielplätzen. Auch soll sie dazu beitragen, dass wir nicht von Hunden überrannt werden und nur diejenigen sich einen Hund anschaffen, die sich wirklich darum kümmern können.

Wer bestimmt, wie viel Sie zahlen müssen? Das sind die örtlichen Behörden, meist die Gemeinden oder Städte. Deswegen kann es sein, dass Sie in der einen Stadt weniger zahlen als in der anderen. Also, immer Augen auf bei der Wahl des Wohnortes!
Wenn Sie sich einen Hund zulegen oder mit Ihrem Hund umziehen, müssen Sie das bei der örtlichen Behörde anmelden. Dafür gibt es ein Formular, das Sie ausfüllen und abgeben müssen - meist geht das online oder im Rathaus.

Wie viel Sie genau zahlen, hängt von Ihrer Gemeinde ab. Meistens liegt die jährliche Steuer für den ersten Hund zwischen 50 und 200 Euro. Haben Sie mehr als einen Hund, wird es mitunter teurer.

Aber es gibt auch Ausnahmen: Manche Hunde, wie Blindenführhunde oder Hunde von Behörden, können eine Ermäßigung oder sogar Befreiung von der Hundesteuer bekommen. Auch Hunde aus dem Tierheim können manchmal günstiger sein. Aber auch das ist von Ort zu Ort unterschiedlich.

Manche Gemeinden haben auch spezielle Regeln für bestimmte Hunderassen, die als „Kampfhunde“ oder „Listenhunde“ gelten. Für diese Hunde kann die Steuer höher sein, um sicherzustellen, dass nur verantwortungsbewusste Halter sich solche Hunde anschaffen.

Nach der Anmeldung und Zahlung der Hundesteuer erhalten Sie oft eine Steuermarke, die Sie an das Halsband Ihres Hundes hängen müssen. So kann jeder sehen, dass Sie Ihre Steuern bezahlt haben.

Wenn Sie umziehen oder Ihr Hund stirbt oder verkauft wird, müssen Sie Ihren Hund abmelden. Dann ist die Steuerpflicht vorbei.

Die Hundesteuer in Deutschland ist also eine ziemlich komplexe Sache, die von Ort zu Ort unterschiedlich ist. Deshalb sollten Sie sich immer gut informieren, um keine bösen Überraschungen zu erleben. Bei Fragen können Sie sich immer an Ihre Gemeinde- oder Stadtverwaltung wenden.

Wichtig ist, dass Sie die Hundesteuer immer pünktlich zahlen und alle notwendigen An- und Abmeldungen vornehmen. So vermeiden Sie Ärger und Strafen. Die Einnahmen aus der Hundesteuer werden u. a. auch -aber keinesfalls nur- für Dinge verwendet, die mit Hunden zu tun haben, wie zum Beispiel die Bereitstellung von Hundetoiletten oder Hundespielplätzen.

Haftpflichtversicherung für den Hund:

Jetzt, wo Sie alles über die Hundesteuer wissen, lassen Sie uns zur Hundehaftpflichtversicherung übergehen. Denn wer will schon auf den Kosten sitzen bleiben, wenn Bello mal die teure Vase der Nachbarin zerlegt, oder?

Die Hundehaftpflichtversicherung ist in manchen Bundesländern sogar Pflicht. Es ist also gut, sich darüber zu informieren, bevor Sie Ihren Hund bei sich aufnehmen. Sie deckt die Kosten, falls Ihr Hund mal etwas kaputt macht oder jemanden verletzt. Und glauben Sie mir, das kann schneller passieren, als Sie denken. Ein kleiner Ausflug in den Park kann schon mal teuer werden, wenn Ihr Hund plötzlich auf die Idee kommt, einem Radfahrer hinterherzujagen.

Die Versicherungssumme ist quasi der maximale Betrag, den die Versicherung im Schadensfall zahlt. Hier gilt: Je höher, desto besser. Denn Sie wissen nie, was passieren kann. Es ist immer besser, auf Nummer sicher zu gehen.

Die Kosten für die Haftpflichtversicherung variieren je nach Anbieter und Tarif. Aber im Durchschnitt können Sie mit etwa 50 bis 100 Euro im Jahr rechnen. Manchmal gibt es auch Rabatte, wenn Sie mehr als einen Hund haben oder einen bestimmten Beruf ausüben. Es lohnt sich also, sich genau zu informieren und die verschiedenen Angebote zu vergleichen.

Auch hier gilt: Immer schön alles anmelden und auf dem Laufenden halten. Wenn Ihr Hund z.B. einen neuen Besitzer bekommt oder stirbt, müssen Sie das der Versicherung melden. Und natürlich müssen Sie auch Ihre Beiträge pünktlich zahlen, damit der Versicherungsschutz nicht erlischt.
Zusammengefasst: Die Hundehaftpflichtversicherung ist ein wichtiger Schutz für Sie und Ihren Hund. Sie hilft, unerwartete Kosten zu decken und sorgt dafür, dass Sie und Ihr Hund sorglos durchs Leben gehen können. Also, checken Sie das mal ab, bevor Sie Ihren neuen besten Freund nach Hause bringen!

Hundekrankenversicherung:

Nachdem wir die Haftpflichtversicherung abgehakt haben, ist es an der Zeit, über die Hundekrankenversicherung zu sprechen. So wie Sie eine Krankenversicherung haben, kann auch Ihr Hund eine haben. Klingt doch gut, oder?

Eine Hundekrankenversicherung deckt die Kosten für tierärztliche Behandlungen ab. Dabei kann es sich um regelmäßige Check-ups, Impfungen, Wurmkuren und Flohbehandlungen handeln. Aber auch die Kosten für größere Eingriffe, wie Operationen, können abgedeckt werden.

Ob Sie eine Krankenversicherung für Ihren Hund abschließen, hängt von verschiedenen Faktoren ab. Zum Beispiel von der Rasse Ihres Hundes, seinem Alter und seiner Gesundheit. Manche Rassen neigen zu bestimmten Gesundheitsproblemen und können daher teurer in der Versicherung sein. Auch ältere Hunde oder Hunde mit Vorerkrankungen können höhere Beiträge haben.

Die Kosten für eine Hundekrankenversicherung variieren stark, aber Sie können mit etwa 20 bis 60 Euro pro Monat rechnen. Wieder gilt: Es lohnt sich, die Angebote zu vergleichen und das Kleingedruckte zu lesen. Manche Versicherungen haben eine Selbstbeteiligung oder decken bestimmte Behandlungen nicht ab.

Auch wenn es eine zusätzliche Ausgabe ist, kann eine Hundekrankenversicherung Ihnen viel Stress und Sorgen ersparen. Stellen Sie sich vor, Ihr Hund muss operiert werden und Sie müssen sich keine Gedanken über die Kosten machen. Das ist doch beruhigend, oder?

Zusammenfassend lässt sich sagen, dass es viele Dinge zu bedenken gibt, wenn Sie einen Hund aufnehmen. Aber mit der richtigen Planung und Vorbereitung können Sie und Ihr neuer vierbeiniger Freund ein sorgloses und glückliches Leben führen. Also, nehmen Sie sich die Zeit und informieren Sie sich gut. Ihr Hund wird es Ihnen danken!

Willkommen im neuen Zuhause, kleiner Welpe

Jetzt wird es spannend! Ihr neuer kleiner Mitbewohner kommt ins Haus und das ist für ihn eine ganz schöne Umstellung. Es ist eine ziemlich verrückte und verwirrende Zeit, daher müssen Sie einfühlsam sein und möglichst viel Zeit mit ihm verbringen. Am besten holen Sie ihn morgens beim Züchter ab, dann hat er den ganzen Tag Zeit, sich zu akklimatisieren, zu futtern, zu spielen und müde zu werden.

Das Zuhause erkunden

Sobald Ihr Welpe zu Hause ankommt, lassen Sie ihn seine neue Umgebung beschnuppern und erkunden. Zeigen Sie ihm dann sein neues Schlafgemach. Ihre Wohnung ist für ihn wie ein riesiger Freizeitpark voller neuer Eindrücke, Geräusche und Gerüche. Total spannend, aber auch ein bisschen beängstigend. Er vermisst seine Mama und seine Geschwister. Von Ihnen erwartet er, dass Sie ihm die Gesellschaft, Nähe und Sicherheit geben, die er zurückgelassen hat.

Vielleicht gibt Ihnen der Züchter eine Decke mit, die nach der Mama und den Geschwistern riecht. Das kann ihm helfen, sein Heimweh zu lindern. Nachdem er ein wenig gespielt hat, wird er sich wahrscheinlich auf seinen Schlafplatz zurückziehen und ein Nickerchen machen. Lassen Sie ihn schlafen, denn Schlaf ist für Welpen genauso wichtig wie für Babys.

Die erste Nacht ohne Mama

In den ersten Nächten könnte Ihr Welpe ein bisschen jammern und unruhig sein, wenn Sie ihn allein lassen. Ein kleiner Trick kann hier helfen: Wickeln Sie eine Wärmflasche und einen tickenden Wecker in eine Decke und legen Sie sie in sein Bett. So fühlt er sich, als wäre ein warmes, lebendiges Wesen bei ihm.

Hat er schon einen Namen?

Geben Sie Ihrem Welpen so schnell wie möglich einen Namen. Züchter geben ihren Hunden oft sehr komplizierte Namen, die eher die Abstammung zeigen und nicht wirklich praktisch sind. Wählen Sie also einen Namen, der Ihnen gefällt, und verwenden Sie ihn immer wieder. Sie werden sehen, er wird schnell darauf reagieren.

Kinder und andere Tiere

Wenn Sie Kinder haben, erklären Sie ihnen, dass Welpen keine Spielzeuge sind. Vernachlässigen Sie auch nicht Ihre anderen Haustiere, sonst könnten sie eifersüchtig auf den neuen Mitbewohner werden. Lassen Sie sie sich langsam und unter Aufsicht kennenlernen. Lassen Sie einen jungen Welpen nie allein mit einer älteren Katze oder einem älteren Hund.

Schlafplatz

Schaffen Sie einen gemütlichen Schlafplatz für Ihren Welpen, vielleicht in der

Küche oder im Wohnzimmer, wo er vor Zugluft geschützt ist. Welpen kauen gerne auf allem herum, also stellen Sie sicher, dass Sie nur unbedenkliche Materialien verwenden. Ein offener Karton mit einer waschbaren Decke ist zunächst völlig ausreichend.

Sauberkeit ist das A und O

Achten Sie darauf, dass der Napf Ihres Welpen stabil und standfest ist. Am besten sind Näpfe, die entweder schwer genug sind (wie Keramiknäpfe), oder durch Gummifüße nicht auf dem Boden rutschen können. Für unsere langohrigen Freunde gibt es spezielle Schüsseln mit hohem Rand, damit die Ohren beim Fressen nicht im Napf landen. Wichtig: Reinigen Sie den Napf nach jeder Mahlzeit, denn Sauberkeit ist das A und O.

Die ersten Tage und Wochen mit Ihrem Welpen werden für beide eine Lernzeit sein. Bauen Sie eine feste Routine auf, einschließlich Fütterungszeiten, Toilettenpausen, Spiel- und Schlafenszeiten. Diese Konstanz gibt Ihrem Welpen Sicherheit und hilft ihm, sich schnell an sein neues Zuhause zu gewöhnen.

Vergessen Sie nicht, dass Welpen sehr viel Schlaf benötigen, also lassen Sie ihn viel ruhen und stellen Sie sicher, dass er einen ruhigen, sicheren Ort zum Schlafen hat. Es ist auch eine gute Idee, ihm so schnell wie möglich das Halsband und die Leine vorzustellen. Beginnen Sie langsam und halten Sie die Trainingseinheiten kurz und positiv.

Das Training mit Ihrem Welpen kann viel Geduld erfordern, aber es lohnt sich definitiv. Denken Sie daran, ihn immer zu belohnen, wenn er etwas richtig macht, anstatt ihn zu bestrafen, wenn er einen Fehler macht. Lob und positive Verstärkung sind der Schlüssel zu einem erfolgreichen Training und einer starken Bindung zwischen Ihnen und Ihrem Welpen.

Zusammenfassend lässt sich sagen, dass es viele Dinge zu bedenken gibt, wenn Sie einen Welpen aufnehmen. Aber mit der richtigen Vorbereitung und Planung können Sie und Ihr neuer vierbeiniger Freund ein sorgloses und glückliches Leben führen. Also, nehmen Sie sich die Zeit und informieren Sie sich gut. Ihr Welpe wird es Ihnen danken!

Spielzeugschrank auffüllen

Wenn Sie das erste Mal in einen Tierfachhandel gehen, werden Sie vermutlich erstaunt sein, wie viel Spielzeug es für Vierbeiner gibt. Es ist fast wie bei Kindern! Aber seien Sie vorsichtig: Nicht jedes bunte Quietschteil ist für

Ihren Welpen geeignet. Es sollte stabil genug sein, damit er keine Teile davon abbeißen und verschlucken kann. Es sollte auch groß genug sein, damit er es nicht verschlucken kann.
Gedrehte Stoffseile sind eine gute Wahl, da sie für langanhaltenden Spielspaß sorgen und ungefährlich sind, falls doch mal Fasern verschluckt werden. Große, stabile Gummibälle, die größer sind als das Maul Ihres Welpen, sind auch eine gute Idee.
Keine Schimpftiraden!

Es ist wichtig, dass Sie immer liebevoll, vorsichtig und geduldig mit Ihrem Welpen umgehen. Sollte er mal etwas kaputt machen oder eine Pfütze auf dem Teppich hinterlassen, schimpfen oder schreien Sie ihn nicht an. Das könnte ihn verängstigen und verwirren.

Versuchen Sie stattdessen, eine fröhliche und entspannte Atmosphäre zu schaffen, in der Sie und Ihr Welpe sich kennenlernen können. So wird er Ihnen schnell sein Vertrauen schenken und Sie legen den Grundstein für ein glückliches Zusammenleben.

Die Starterpackung

Ob Sie auf einem Bauernhof leben oder Ihr Hund in eine Stadtwohnung zieht, es gibt ein paar Basics, die Sie auf jeden Fall brauchen. Organisieren Sie diese Sachen, bevor Ihr Hund eintrifft, und platzieren Sie sie gleich an ihrem zukünftigen Platz.

- Futter- und Wassernapf: Wählen Sie stabile Modelle, am besten aus Keramik.
- Schlafplatz: Vermeiden Sie Weidengeflecht, da es beim Knabbern Verletzungen verursachen kann.
- Hundedecke: Sie sollte weich und waschbar sein.
- Hundemarke: Mit Ihren Kontaktinformationen und denen des Tierarztes.
- Halsband und Leine: Ein Halsband mit Sicherheitsverschluss und eine 2-Meter-Leine aus Leder oder Nylon sind ideal.
- Pflegeprodukte: Bürsten, Kämme und Hundeshampoo.
- Transportbox: Wählen Sie eine, die auch für Flugreisen zugelassen ist, falls Sie mit Ihrem Hund reisen möchten.
- Futter: Sorgen Sie für eine vollwertige, ausgewogene Ernährung.
- Leckereien: Ideal für Trainingseinheiten.
- Hundespielzeug: Denn Spielen ist wichtig!

Mit diesen Dingen sind Sie gut ausgerüstet und können entspannt in Ihr neu-

Auswahl ohne Ende

es Leben mit Hund starten. Alles Weitere wird sich mit der Zeit ergeben und abhängig vom Temperament Ihres neuen vierbeinigen Freundes sein.

Die erste Spritztour

Ihr Welpe wird beim Autofahren seekrank? Keine Sorge, das wird sich im 9. oder 10. Lebensmonat deutlich bessern. Theoretisch liegt das daran, dass das rasante Wachstum eines Welpen in seinen ersten Lebensmonaten auch sein Innenohr betrifft und ihn somit anfälliger für Bewegungs- und Reisekrankheit macht.

Mit dem Ende des Welpenwachstums nimmt also auch die Reisekrankheit ab.

Wenn also Autofahrten momentan einfach zu traumatisch für den kleinen Vierbeiner sind, können Sie ihn in naher Zukunft langsam wieder daran gewöhnen.

Beginnen Sie mit kurzen Strecken. Aber bevor Sie die Fahrt starten, beachten Sie bitte folgende Tipps, um sicherzustellen, dass es für Sie und Ihren jungen Vierbeiner eine sichere und angenehme Autofahrt wird.

Sicherheit geht vor

Für Reisen im Auto sind Welpen oder ausgewachsene Hunde am sichersten in einer zugelassenen Transportbox oder Sicherheitsdecke untergebracht, die quer zur Fahrtrichtung im Auto befestigt wird. Ein Vorteil von Transportboxen ist, dass Ihr Welpe auch bei einem Unfall noch gesichert ist. Falls Sie verletzt sind oder das Auto schwer beschädigt ist, kann das Rettungsteam immer noch leicht zu Ihrem Welpen gelangen.

Revierverteidigung

Im jugendlichen Alter neigen Hunde oft dazu, Passanten oder andere Hunde aus dem Auto heraus anzubellen. Wenn Ihr Welpe in einer Transportbox untergebracht ist, kann es helfen, diese mit einem Handtuch abzudecken. So bekommt Ihr kleiner Racker den vermeintlichen Störenfried gar nicht erst zu sehen.

Auf's Kommando warten

Ganz wichtig: Der Welpe muss warten, bis Sie das Kommando zum Aussteigen geben. So wird verhindert, dass er unbeaufsichtigt auf die Straße läuft. Wie bei jedem Welpentraining ist es auch hier wichtig, Ihren Kleinen zu belohnen, wenn er etwas gut gemacht hat.

Wenn Sie Ihrem Welpen beigebracht haben, dass Autofahren eine tolle Sache ist und meistens positiv endet, dann sollte eine solche Fahrt für Sie beide zu einem sicheren und freudigen Erlebnis werden.

Welpenspieltage

Frühkindliche Erziehung

Für Menschen heißt es „Was der Bauer nicht kennt, frisst er nicht“ und das gilt auch für Hunde. Bereits der Welpe sollte mit seiner Umgebung vertraut gemacht und erzogen werden, um als ausgewachsener Hund keine Probleme zu bereiten. Die Zeit zwischen der 3. und der 16. Lebenswoche ist besonders wichtig, denn während dieser Phase ist Ihr Welpe in seiner Prägephase. Er ist jetzt besonders empfänglich; was er in dieser Zeit lernt, prägt sein zukünftiges Verhalten maßgeblich.

Was wird in der Welpenschule gelehrt?

Während des Spiels mit gleichaltrigen Hunden trainieren die Welpen ihr Sozialverhalten und die Kommunikation untereinander. Gleichzeitig lernen sie verschiedene Menschen, wie den Trainer und andere Welpenbesitzer, kennen. In den meisten Welpenschulen stehen zudem die angstfreie Annäherung an andere Menschen, das Nicht-Anspringen und das Nicht-Jagen anderer Tiere auf dem Programm. Da sie viele Umwelteindrücke sammeln, sind sie als ausgewachsene Hunde in unbekannten Situationen gelassener.
Da der Trainer dieses Spielen erklärt, erhält auch der Besitzer wichtige Informationen, z.B. über das Sozialverhalten und die Kommunikation von Hunden. Sollte ein Gerangel einmal zu weit gehen, kann der erfahrene Trainer die Situation richtig einschätzen und gegebenenfalls eingreifen. Darüber hinaus haben die meisten Welpenbesitzer zahlreiche Fragen an den Trainer und sind dankbar für Tipps zu alltäglichen Problemen, wie z. B. der Sauberkeitserziehung.
In kurzen Einheiten werden die Welpen spielerisch mit Kommandos vertraut gemacht. Das realistische Ziel ist, dass die Welpen am Ende der Welpenschule folgende Kommandos kennen: Sitz, Platz, Hier/Komm, Aus/Nein.

Wann beginnt die Schule?

Nachdem der Welpe vom Züchter abgeholt wurde, sollte er zunächst etwa eine Woche Zeit haben, um sich an sein neues Zuhause und seine neue Familie zu gewöhnen. Der Welpe muss die für sein Alter notwendigen Impfungen erhalten haben und es ist ratsam, bereits eine Haftpflichtversicherung für Tierhalter abgeschlossen zu haben.

Woran erkennt man eine gute Welpenschule?

Idealerweise betreut ein Trainer nicht mehr als fünf bis sechs Welpen. Die jungen Hunde sollten alle etwa gleich alt bzw. gleich stark sein. Der Trainer muss die Fähigkeiten des einzelnen Welpen berücksichtigen und die Interaktionen in der Gruppe steuern. Es gibt Hundeschulen, die ihre Welpenstunden in einem eingezäunten Bereich oder sogar einer Halle abhalten. Alternativ gibt es mobile Hundeschulen, die ihre Kurse im Freien durchführen.

Unabhängig davon sollte die Ausstattung jede Menge bewegliche oder geräuschvolle Objekte umfassen, wie z.B. Tunnel, Wippen, Flatterbänder, Planen usw. Zum Programm einer Welpenschule gehört in der Regel ein Ausflug in die Stadt, wo der junge Hund mit Fahrrädern, Skateboards und ähnlichem vertraut gemacht wird.

Der Besuch einer Welpenschule mit Ihrem Welpen ist eine lohnenswerte Erfahrung! Es ist eine erstklassige Gelegenheit, Ihrem jungen Hund wichtige Fertigkeiten beizubringen und ihn auf das Leben in der „großen weiten Welt" vorzubereiten. Es bietet ihm auch die Möglichkeit, mit anderen Hunden zu interagieren und soziale Fähigkeiten zu entwickeln, die ihm im weiteren Leben zugutekommen werden. Daher ist es eine wertvolle Investition in die Zukunft Ihres Hundes und Ihre zukünftige Beziehung zu ihm.

Formen Sie Ihr Hündchen fürs Leben

Haben Sie gewusst, dass Hunde ab einem Alter von drei Wochen in eine Phase eintreten, die wir „Prägungsphase" nennen? In dieser spannenden Zeit verlassen die kleinen Fellknäuel ihr Nest und entdecken voller Neugier ihre Umwelt. Die Erfahrungen, die sie in dieser Phase mit ihrer Mama und ihren Geschwisterchen machen, prägen ihr zukünftiges Verhalten gegenüber anderen Hunden enorm. Und nicht nur das - je häufiger sie in dieser Zeit auf Menschen treffen, desto besser werden sie später mit uns Zweibeinern zurechtkommen.

Alles, was Ihrem Vierbeiner aus dieser frühen Phase seines Lebens bekannt ist, wird ihm später kaum Probleme bereiten. Das betrifft nicht nur den sozialen Umgang, sondern auch alltägliche Geräusche, wie das Brummen eines Autos, das Surren eines Rasenmähers oder das Summen eines Föhns. Wenn ein Hund in dieser Phase nur wenig Reizen ausgesetzt war, kann er später oft nervös oder sogar aggressiv auf seine Umwelt reagieren.

Etwas, was Ihr Hund in der Prägungsphase an sozialem Lernen verpasst hat, lässt sich später kaum aufholen. Das sollten Sie unbedingt im Hinterkopf behalten, wenn Sie sich auf die Suche nach Ihrem zukünftigen vierbeinigen Begleiter machen - oder genauer gesagt, wenn Sie den Züchter auswählen. Denn in der Regel zieht Ihr Welpe erst mit acht Wochen oder später bei Ihnen ein.

Achten Sie also darauf, dass Ihr zukünftiger Fellfreund einen guten Start ins Leben hatte. Er sollte auf keinen Fall alleine in einem Zwinger aufgewachsen sein, sondern am besten in einem Haus mit Garten. Und er sollte schon beim Züchter viele Kontakte gehabt haben - sowohl zu anderen Hunden als auch zu Menschen. Nur so kann er sich zu einem gut sozialisierten und selbstbewussten Hund entwickeln.

Erziehung ist sehr wichtig!

„Je mehr ich von Menschen sehe, desto mehr liebe ich meinen Hund.“ - Diogenes

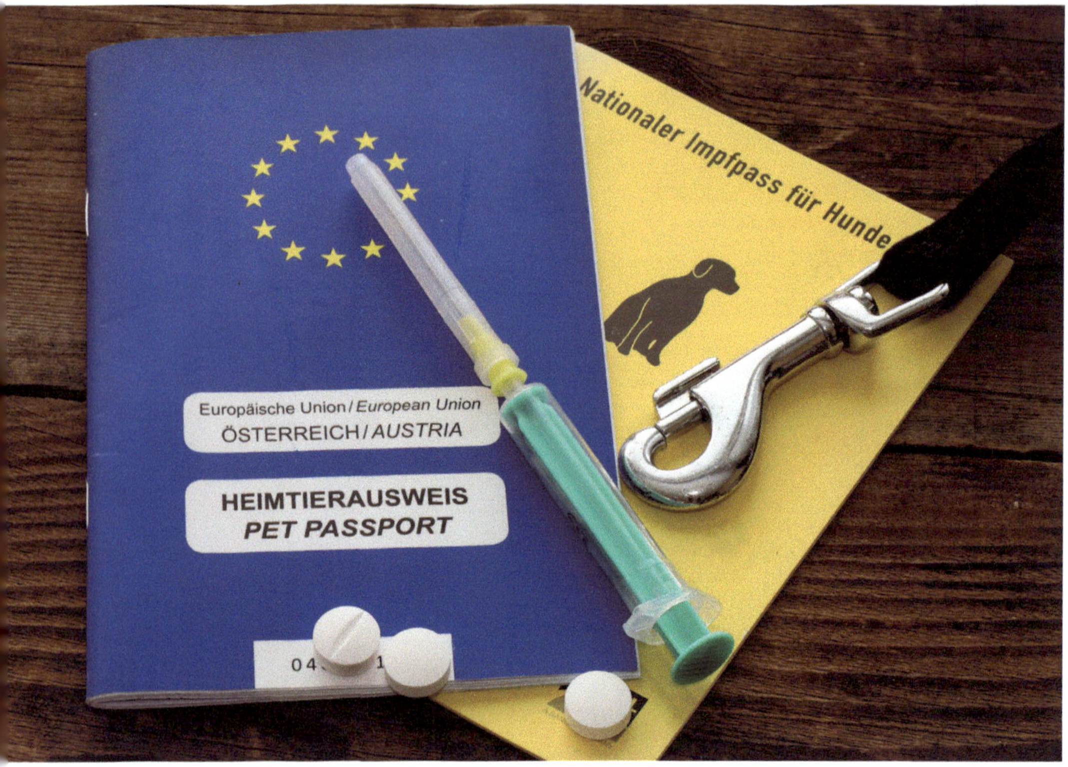

Blau oder gelb - Welcher ist sinnvoll?

Haben Sie sich auch schon einmal gefragt, was es mit dem blauen und gelben Ausweis für Haustiere auf sich hat? Der Unterschied zwischen beiden Ausweisen ist recht einfach zu erklären. Der gelbe Impfausweis fungiert als nationaler Standard und dokumentiert die Impfungen Ihres Haustieres. Dieser Ausweis wird üblicherweise vom Tierarzt oder gelegentlich auch vom Züchter ausgestellt. Er ist ausreichend, wenn Sie sich nur innerhalb Deutschlands bewegen und keine Reisen ins Ausland planen.

Sobald Sie jedoch mit Ihrem tierischen Begleiter die Landesgrenzen innerhalb der Europäischen Union überschreiten möchten, wird es Zeit für den blauen Heimtierausweis. Dieser Ausweis wurde durch eine EU-Verordnung eingeführt, um eine gewisse Ordnung in die verschiedenen Bestimmungen der EU-Länder zu bringen.

Der blaue Heimtierausweis ist für Hunde, Katzen und Frettchen verpflichtend und dient dazu, die Verbreitung von Tierseuchen wie beispielsweise Tollwut einzudämmen. Reptilien, Nager und Kaninchen sind glücklicherweise von dieser Pflicht ausgenommen, da sie keine Tollwutgefahr darstellen.

Wenn Sie also mit Ihrem Vierbeiner ins Ausland reisen möchten, sei es innerhalb der EU oder sogar weltweit, benötigen Sie den blauen Heimtierausweis. Das Besondere daran ist, dass er ein einheitliches Muster aufweist und jedem Tier eine eindeutige Nummer zugewiesen wird, ähnlich wie bei einer Personalausweisnummer. Dies erleichtert die Identifizierung Ihres Haustieres und ermöglicht es im Notfall, schnell den Besitzer festzustellen.

Es ist jedoch wichtig zu beachten, dass nicht jeder den Heimtierausweis ausstellen darf. Dies ist ausschließlich dem Tierarzt oder einer anderen autorisierten Stelle gestattet. Damit Ihr Tier den Ausweis erhält, muss es mit einem Mikrochip gekennzeichnet sein. Dadurch ist sichergestellt, dass es eindeutig identifiziert werden kann. Es gibt standardisierte Mikrochips, die von den gängigen Lesegeräten gelesen werden können. Sollte der Chip nicht den erforderlichen Standards entsprechen, müssen Sie als Tierhalter ein geeignetes Lesegerät bereitstellen.

Ein kleiner Haken besteht allerdings: Die Ausstellung des Heimtierausweises ist mit Kosten verbunden, die Sie als Tierhalter tragen müssen. Dies liegt daran, dass der Ausweis bestimmten Standards entsprechen muss und nur von qualifizierten Stellen ausgestellt werden darf. Seien Sie also darauf vorbereitet, dass bei der Beantragung des Ausweises Gebühren anfallen.

Es ist völlig klar, dass der Heimtierausweis nicht nur eine lästige Formalität ist. Er ist von großer Bedeutung, um sicherzustellen, dass Ihr tierischer Begleiter reibungslos in andere Länder reisen kann. Seien Sie also gut vorbereitet, besorgen Sie sich den blauen Heimtierausweis und starten Sie gemeinsam mit Ihrem tierischen Freund in neue Abenteuer!

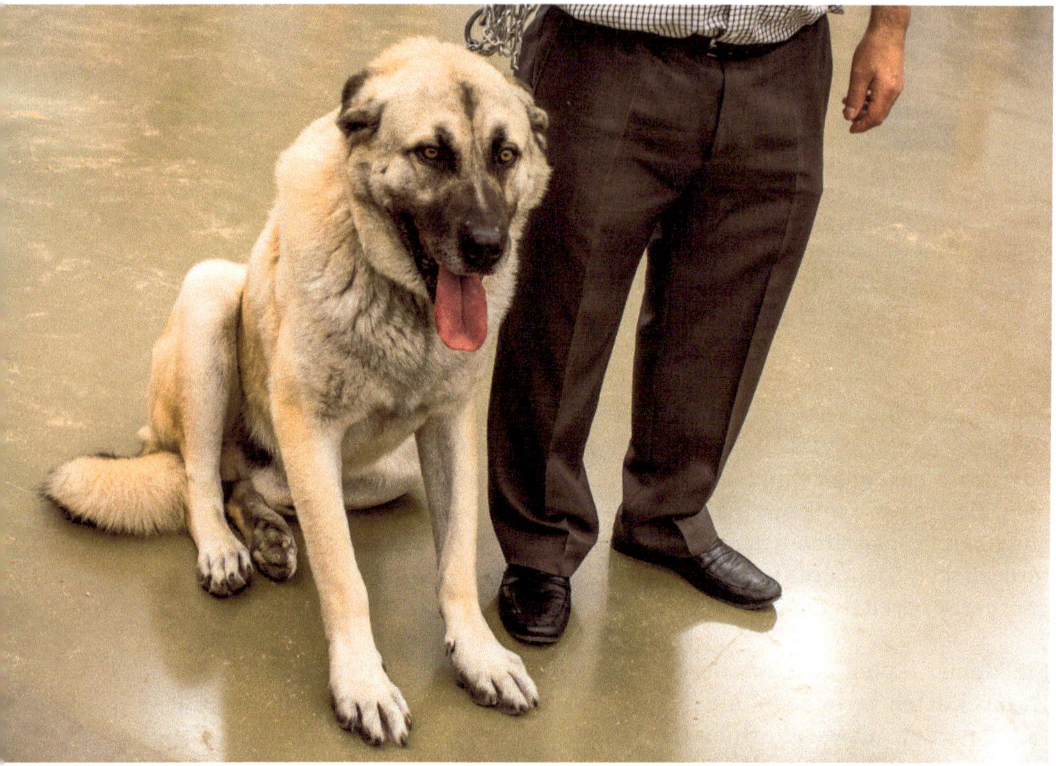

Erziehung und Ausbildung Ihres Hundes

Kangal-Erziehung: Ein erster Leitfaden

Die Erziehung eines Kangals ist eine anspruchsvolle, aber sehr lohnende Aufgabe. Ob Welpe oder erwachsener Hund – bei dieser besonderen Rasse spielt Erziehung eine zentrale Rolle für Sicherheit, Zusammenleben und Vertrauen. Der folgende Leitfaden liefert gezielte Hinweise zur Erziehung des Kangals.

Verstehen, was einen Kangal ausmacht

Der Kangal ist ein Herdenschutzhund, der von Natur aus eigenständig denkt und handelt. Er ist intelligent, ruhig, sehr wachsam und besitzt einen starken Schutzinstinkt. Die Erziehung sollte diesen Wesenszügen gerecht werden: weniger Befehl, mehr Beziehung und Vertrauen. Autoritäre Methoden sind kontraproduktiv – gefragt sind Respekt, Geduld und klare Führung.

Frühe Sozialisierung

Kangal-Welpen müssen frühzeitig viele verschiedene Reize, Menschen, Tiere und Umgebungen kennenlernen. Das legt den Grundstein für ihre Später ausgeglichene Art. Ohne frühe Sozialisierung besteht die Gefahr, dass der Kangal unsicher oder übermäßig misstrauisch wird.

Grundgehorsam

Ein Kangal wird niemals ein „Befehlsempfänger“ wie ein Gebrauchshund sein. Dennoch ist Grundgehorsam wichtig: Kommandos wie „Sitz“, „Hier“ oder „Nein“ müssen mit positiver Verstärkung und Geduld eingeübt werden. Vertrauen ersetzt beim Kangal den Drill.

Sinnvolles Training

Erweiterte Aufgaben wie Fährtensuche oder Apportieren sind für Kangals weniger geeignet als Wachaufgaben oder ruhige Beobachtungsposten. Ideal ist ein großes Grundstück mit Aufgaben, die seinem Schutzinstinkt gerecht werden. Lange Spaziergänge sind ebenfalls wertvoll.

Problemverhalten erkennen

Ein schlecht geführter Kangal kann problematische Verhaltensweisen wie übersteigertes Territorialverhalten oder Unsicherheit entwickeln. In solchen Fällen ist professionelle Hilfe unerlässlich. Bedenken Sie: Ein unkontrollierter Kangal kann eine Gefahr darstellen.

Kontinuität im Alltag

Die Erziehung eines Kangals ist nie abgeschlossen. Diese Hunde testen Grenzen und handeln situativ. Konsequenz, Struktur und klare Regeln sind der Schlüssel, um dauerhaft Sicherheit und Gelassenheit zu fördern.

Positive Verstärkung

Der Kangal lernt am besten durch Belohnung. Ob Lob, Futter oder freundliche Zuwendung: Positives Verhalten muss bestärkt werden. Harsche Strafen sind nicht nur ineffektiv, sondern zerstören das Vertrauen.

Geduld und Konsequenz

Ein Kangal lernt nicht schnell, sondern nachhaltig. Seine Intelligenz zeigt sich nicht im blinden Folgen, sondern im reflektierten Handeln. Wer Geduld zeigt, wird mit einem verlasslichen, ruhigen und loyalen Partner belohnt.

Die Bindung als Basis

Ein Kangal folgt keiner Stimme, sondern einer Beziehung. Die Bindung zu seinem Menschen ist für ihn der Schlüssel zur Kooperation. Wer seinen Hund mit Respekt behandelt und viel Zeit mit ihm verbringt, wird Vertrauen und Einfluss gewinnen.

Fehlverhalten ruhig lenken

Fehlverhalten sollte ruhig und bestimmt korrigiert werden. Wichtiger als Strafe ist das Umlenken auf erwünschtes Verhalten. Ein Kangal braucht Klarheit und Konsequenz, aber keine Einschüchterung.

Professionelle Hilfe

Ein erfahrener Herdenschutzhundetrainer kann bei Unsicherheiten sehr hilfreich sein. Vor allem bei erwachsenen Kangals aus zweifelhafter Haltung ist professionelle Begleitung wichtig.

Fortlaufendes Training

Auch wenn der Kangal die Grundregeln beherrscht, sollte man ihn weiter geistig fordern. Rituale, gemeinsame Spaziergänge, Aufgaben rund ums Haus oder Hof halten ihn ausgeglichen und zufrieden.

Grundtraining für Kangal-Welpen: Ein starkes Fundament

Die Erziehung beginnt im Welpenalter. Ein Kangalwelpe ist verspielt, neugierig, aber auch sehr selbstbewusst. Wer hier liebevoll, klar und geduldig führt, prägt seinen Hund fürs Leben.

Frühzeitige Sozialisierung

So früh wie möglich sollte der Kangal-Welpe an Menschen, andere Tiere, Fahrzeuge und Umweltreize gewöhnt werden. Positive Erlebnisse in dieser Phase verhindern spätere Unsicherheiten.

Stubenreinheit und Rituale

Wie alle Welpen müssen auch Kangals lernen, wo und wann sie sich lösen dürfen. Feste Rituale, Lob und Geduld fördern eine schnelle Sauberkeit.

Beißhemmung

Kangalwelpen neigen zum spielerischen Beißen. Hier ist liebevolle, aber deutliche Erziehung gefragt: Abbruch des Spiels, Ersatzobjekte und klare Grenzen sind entscheidend.

Erste Kommandos

Schon im jungen Alter kann der Kangal einfache Kommandos lernen. Wichtiger als die Menge ist dabei die ruhige, klare Vermittlung mit positiver Verstärkung.

Leinentraining

Der junge Kangal sollte langsam an die Leine gewöhnt werden. Dabei geht es nicht um perfekte Führung, sondern um Vertrauen und gemeinsame Orientierung.

Alleinbleiben

Frühzeitig übt der Welpe, für kurze Zeit alleine zu bleiben. Dies beugt späterer Trennungsangst vor und stärkt das Selbstvertrauen.

Ruhe und Entspannung

Auch ein lebhafter Welpe braucht Ruhe. Feste Schlafzeiten und ein sicherer Rückzugsort helfen, Reize zu verarbeiten und Stress zu vermeiden.

Verstärkung durch Lob

Kangalwelpen reagieren gut auf liebevolle Verstärkung. Freundliche Worte, Streicheleinheiten und kleine Belohnungen fördern Lernbereitschaft und Vertrauen.

Konsequente Regeln

Früh eingeführte Regeln geben dem jungen Kangal Sicherheit. Wichtig ist, dass alle Bezugspersonen die gleichen Signale und Grenzen setzen.

Geduld bei Fehlern

Fehler sind Teil des Lernens. Wer geduldig bleibt und seinem Kangal liebevoll die Welt erklärt, wird mit einem souveränen Begleiter belohnt.

Begegnungen mit anderen Hunden

Spiel mit geeigneten Hundepartnern fördert Sozialverhalten. Dabei sollten Größe, Temperament und Charakter der anderen Hunde zum Kangalwelpen passen.

Fazit

Die Erziehung eines Kangals erfordert Wissen, Geduld und Herz. Mit einem positiven, klaren und respektvollen Umgang entwickelt sich dieser beeindruckende Hund zu einem wachsamen, treuen und ausgeglichenen Gefährten. Wer den Kangal versteht, wird in ihm einen einzigartigen Partner finden.

7 verbreitete Irrtümer in der Welpenerziehung

1. So viele Wiederholungen wie möglich

Es ist ein weit verbreiteter Irrtum, dass unendliche Wiederholungen das Lernen beschleunigen. Während Wiederholungen tatsächlich wichtig sind, um Ihrem Welpen neue Befehle beizubringen, ist Qualität wichtiger als Quantität. Übermäßige Wiederholungen können zu Überlastung und Langeweile führen. Es ist besser, mehrere kurze Trainingseinheiten während des Tages zu verteilen, anstatt eine lange Sitzung durchzuführen.

2. Der Hund ist wie der Mensch

Hunde sind keine Menschen und sie denken auch nicht wie Menschen. Hunde haben ihre eigene Art zu lernen und zu kommunizieren, die stark von der des Menschen abweicht. Hunde leben im Hier und Jetzt und haben kein abstraktes Denken wie Menschen.
3. Hunde haben ein schlechtes Gewissen

Hunde zeigen tatsächlich Verhaltensweisen, die Menschen als „schuldig" interpretieren können, aber dies ist in der Regel eine Reaktion auf den Ton und das Verhalten des Besitzers, nicht auf das Verständnis der Folgen ihres Verhaltens. Sie erkennen, dass Sie wütend sind, aber sie verstehen nicht unbedingt, warum.

4. Der Hund versteht genau, was ich sage

Während Hunde lernen können, auf bestimmte Wörter oder Befehle zu reagieren, verstehen sie die menschliche Sprache nicht auf die gleiche Weise, wie wir es tun. Oft reagieren sie mehr auf unseren Ton, unsere Körpersprache und unsere Stimmung als auf die tatsächlichen Wörter, die wir sagen.

5. Konsequenz ist unwichtig

Das genaue Gegenteil ist der Fall. Konsequenz ist extrem wichtig in der Hundeerziehung. Hunde lernen durch Wiederholung und Verstärkung. Wenn Sie inkonsequent sind, kann Ihr Welpe verwirrt werden und es ist schwieriger für ihn, zu lernen, was Sie von ihm erwarten.

6. Gassi gehen reicht

Gassi gehen ist eine wichtige Aktivität, aber es reicht nicht aus, um alle Bedürfnisse Ihres Welpen zu erfüllen. Welpen brauchen auch geistige Anregung, Training, Sozialisierung und Spielzeit. Es ist wichtig, ein Gleichgewicht zwischen körperlicher Aktivität und geistiger Anregung zu finden.

7. Härte muss sein

Härte oder Strafen sind nicht nur unnötig, sondern können auch kontraproduktiv und schädlich sein. Gewalt oder Bestrafung können zu Angst, Unsicherheit und sogar Aggression führen. Positive Verstärkung ist eine viel effektivere und freundlichere Methode, um Ihrem Welpen beizubringen, was Sie von ihm erwarten.

Völlig veraltete Erziehungsmethoden, die Sie unbedingt vermeiden müssen:

1. Dem Hund zeigen, wer der Boss ist

Dieser Ansatz basiert auf der Theorie, dass Hunde in einer strengen Hierarchie leben und der Mensch der „Alpha“ oder „Rudelführer“ sein muss. Diese Theorie wurde jedoch inzwischen stark in Frage gestellt. Hunde sind keine Wölfe und selbst bei Wölfen ist die Hierarchie komplexer und dynamischer, als man früher dachte. Es ist wichtiger, eine positive, respektvolle Beziehung zu Ihrem Hund aufzubauen, basierend auf gegenseitigem Vertrauen und Verständnis, anstatt Dominanz zu zeigen.

2. Stachelhalsbänder sind verboten

Stachelhalsbänder, die dem Hund Schmerzen zufügen, wenn er an der Leine zieht, wurden lange Zeit als wirksame Methode zur Korrektur unerwünschten Verhaltens angesehen. Inzwischen sind sie in vielen Ländern verboten und von Tierärzten und Hundeexperten weltweit abgelehnt. Sie können physischen Schaden und emotionale Traumata verursachen und sind nicht effektiv bei der Behebung der zugrunde liegenden Ursachen für problematisches Verhalten.

3. Den Hund auf den Rücken drehen

Dies wird manchmal als „Alpha-Roll“ bezeichnet und wurde als Methode zur Demonstration der Dominanz gegenüber dem Hund propagiert. Diese Praxis ist jedoch gefährlich und kann zu Angst und Aggression bei Hunden führen. Es kann auch die Vertrauensbeziehung zwischen Mensch und Hund zerstören.

4. Hundenase in Kot oder Urin drücken

Früher glaubte man, dass das Drücken der Nase des Hundes in seinen Kot oder Urin eine effektive Methode ist, um ihn stubenrein zu machen. Heute wissen wir, dass dies nicht nur unwirksam, sondern auch grausam und verwirrend für den Hund ist. Stattdessen sollte positive Verstärkung verwendet werden, um dem Hund beizubringen, wo er seine Geschäfte erledigen soll.

5. Den Hund am Nackenfell schütteln

Einige Leute glauben, dass das Schütteln eines Hundes am Nackenfell eine natürliche Korrekturmethode ist, da es Hündinnen mit ihren Welpen tun. Aber es ist nicht nur gefährlich (es kann Verletzungen am Hals und der Wirbelsäule verursachen), es ist auch sehr einschüchternd für den Hund und kann zu

Sozialisierung ist wichtig!

Angst und Misstrauen führen.

6. Schnauzengriff beim Hund

Der Schnauzengriff, bei dem die Schnauze des Hundes fest geschlossen wird, ist eine weitere veraltete Methode, die oft als Bestrafung oder zur Korrektur unerwünschten Verhaltens verwendet wurde. Wie andere veraltete Methoden kann auch der Schnauzengriff Angst und Aggression hervorrufen und das Vertrauen zwischen Mensch und Hund schädigen. Es gibt viel effektivere und humanere Methoden zur Korrektur unerwünschten Verhaltens, wie positive Verstärkung und professionelles Verhaltenstraining.

Die schlimmsten Fehler in der Hundeerziehung

Eine solide Erziehung Ihres Hundes ist unerlässlich. Es ist jedoch wichtig zu verstehen, dass wenn Ihr Vierbeiner nicht immer gehorcht, dies nicht zwangsläufig auf schlechtes Benehmen hindeutet. Oftmals versteht der Hund schlichtweg nicht, was Sie von ihm verlangen. Deshalb sollten Hundebesitzer die folgenden häufigen Fehler in der Hundeerziehung unbedingt vermeiden:

1. Ein Befehl sollte genügen

Ihr Hund leidet nicht unter Gehörproblemen. Wenn er das Kommando versteht, reicht ein einziger Aufruf aus. Jeder zusätzliche Aufruf ist überflüssig und schwächt Ihre Glaubwürdigkeit. Wenn Sie ständig „Hier!" rufen, ist es unwahrscheinlich, dass er kommen wird. Durch ständiges Rufen zeigen Sie ihm nur, wo Sie sind und dass Sie auf ihn warten (oder ihm sogar folgen?). Bleiben Sie konsequent und vor allem bestimmt. Ihr Hund wird das bemerken.

2. Körpersprache ist der Schlüssel

Die Körpersprache des Menschen spielt eine zentrale Rolle bei der Erziehung eines Hundes. Ihr Hund interpretiert Ihre Mimik sowie die Betonung Ihrer Worte. Wenn Ihre Haltung und Gestik nicht stimmig sind, haben Sie schon verloren. Ein Hundehalter, der vor Wut zittert und „Komm her" befiehlt, wird wahrscheinlich eine Weile auf seinen Hund warten müssen.

3. Schlamperei in der Hundeerziehung ist ein No-Go

Konsequenz ist das oberste Gebot in der Hundeerziehung. Einmal aufgestellte Regeln müssen eingehalten werden. Sobald Sie nachlässig werden, geben Sie Ihrem Hund freie Hand. Was er einmal gelernt hat, kann er genauso schnell wieder vergessen.

4. Lob erfordert gutes Timing

Die Hundeerziehung basiert vor allem auf Belohnungen. Ein Hund möchte Anerkennung für das, was er getan hat. Diese sollte aber unmittelbar auf das richtige Verhalten des Hundes folgen. Wenn Sie zu lange brauchen, um ein Leckerli aus Ihrer Tasche zu holen, kann die Belohnung negative Auswirkungen haben.

Wenn Sie Ihrem Hund in der Hektik ein Leckerli geben, während er winselt, verknüpft er negatives Verhalten mit einer Belohnung und wird es wahrscheinlich immer wieder versuchen. Übermäßiges Belohnen kann dazu führen, dass der Hund nur noch auf Kommando reagiert, wenn eine Belohnung in Aussicht steht.

5. Sozialisierung des Hundes

Ein Mangel an Sozialisierung in jungen Jahren kann später zu Konflikten mit anderen Hunden führen. Es ist sehr wichtig für die Entwicklung eines Hundes, dass er bereits als Welpe Kontakt mit anderen Hunden hat, beispielsweise in einer Hundeschule. Dort können sie lernen, sich durchzusetzen oder unterzuordnen, was für die Lernphase extrem wichtig ist. Auch der ausgiebige Kontakt zwischen Hund und Mensch ist sehr wichtig. Wenn Hunde zu viel alleine sind und nicht genügend körperlich und geistig gefordert werden, kann das negative Auswirkungen auf die Gesundheit des Hundes haben.

6. Unzureichende Gewöhnung an das Alleinsein

Es wird unvermeidlich Zeiten geben, in denen Sie Ihren Hund alleine lassen müssen. Wenn er jedoch nicht bereits als Welpe gelernt hat, alleine zu bleiben, wird er als ausgewachsener Hund jammern, sobald er alleine ist. Beginnen Sie frühzeitig damit, Ihren Hund daran zu gewöhnen und starten Sie mit kurzen Intervallen von 10 Minuten, die Sie dann schrittweise verlängern.

Zusammenfassend lässt sich sagen, dass eine effektive Hundeerziehung auf klaren Regeln und konsistentem Handeln basiert. Die meisten Fehler passieren wahrscheinlich ohne Ihr Wissen. Solange Sie jedoch diese Disziplin beibehalten, sollten Sie in der Lage sein, in relativ kurzer Zeit einen gut erzogenen Hund an Ihrer Seite zu haben.

Das muss Ihr Hund unbedingt lernen!

Im Umgang mit Hunden wird oft davon gesprochen, wie wichtig es ist, ihnen Grundkommandos beizubringen. Doch warum ist dies eigentlich so essentiell? Dieser Artikel bietet eine Einführung in die Bedeutung und den Nutzen von Grundkommandos für Hunde.

Grundkommandos dienen als elementare Kommunikationsschnittstelle zwischen Mensch und Hund. Durch sie erhält der Hund klare Anweisungen, was von ihm erwartet wird, und der Mensch kann sicherstellen, dass der Hund entsprechend handelt. Das Erlernen dieser Kommandos ist daher von zentraler Bedeutung für eine funktionierende Beziehung zwischen Hund und Halter.

Eines der Hauptargumente für das Erlernen von Grundkommandos ist die Sicherheit. Kommandos wie „Sitz“, „Platz“ oder „Bleib“ können in verschiedenen Situationen äußerst hilfreich sein, um potenzielle Gefahren zu vermeiden.

Sie erlauben es dem Halter, den Hund in sicherer Entfernung zu halten, etwa bei nahendem Straßenverkehr oder in der Nähe von anderen Tieren. Zudem erleichtern sie den Umgang mit dem Hund in öffentlichen Räumen, indem sie das Verhalten des Hundes vorhersehbarer und kontrollierbarer machen.

Ein weiterer wichtiger Aspekt ist die Förderung des sozialen Miteinanders. Grundkommandos können dazu beitragen, dass der Hund besser mit anderen Hunden, Menschen oder Tieren interagiert. Ein Hund, der auf Kommandos hört, wird oft besser akzeptiert und als weniger störend wahrgenommen. Dies kann zu einem harmonischeren Zusammenleben in der Gemeinschaft beitragen.

Auch die geistige Stimulation des Hundes spielt eine wichtige Rolle. Das Erlernen von Kommandos fordert den Hund geistig heraus und trägt zur geistigen Fitness bei. Es gibt dem Hund eine Aufgabe, hält ihn aktiv und kann dazu beitragen, Verhaltensprobleme, die durch Unterforderung entstehen können, zu vermeiden.

Zudem stärkt das Erlernen von Kommandos die Bindung zwischen Mensch und Hund. Durch gemeinsames Training und die dadurch entstehende Kommunikation vertieft sich die Beziehung und das gegenseitige Vertrauen wächst. Dies trägt dazu bei, dass der Hund sich sicherer fühlt und besser auf den Halter reagiert.

Zusammenfassend lässt sich sagen, dass das Erlernen von Grundkommandos für Hunde aus verschiedenen Gründen wichtig ist. Sie tragen zur Sicherheit des Hundes und seiner Umgebung bei, fördern soziale Interaktionen, bieten geistige Stimulation und stärken die Bindung zwischen Hund und Halter. Daher sollte jeder Hundehalter in Erwägung ziehen, seinem vierbeinigen Freund diese grundlegenden Fertigkeiten beizubringen.

Wie das funktionieren kann, erfahren Sie in einem kleinen Crash-Kurs auf den folgenden Seiten.

Sitz!

Sitz: Dies ist oft eines der ersten Kommandos, das Hunde lernen. Es ist relativ einfach zu unterrichten und kann in vielen Situationen nützlich sein.

Das Training des Sitz-Kommandos

Für das Training des Sitz-Kommandos empfiehlt es sich, eine ruhige und ablenkungsfreie Umgebung zu wählen, in der sich Ihr Hund wohl fühlt. Halten Sie ein Leckerli leicht über den Kopf des Hundes und bewegen Sie Ihre Hand langsam nach oben. Ihr Hund wird dem Leckerli mit den Augen folgen und dabei automatisch in eine sitzende Position gehen.

Eine alternative Methode ist die Verwendung eines Klickers. Wenn der Hund das Kommando ausführt, geben Sie einen kurzen Klick ab und belohnen Sie ihn anschließend mit einem Leckerli. Vergessen Sie dabei nicht, ihn auch verbal zu loben. Mit der Zeit können Sie das Leckerli weglassen und der Klicker wird als positive Verstärkung ausreichen.

Während sich der Hund setzt, sagen Sie das Wort „Sitz“ deutlich. Sobald er das gewünschte Verhalten zeigt, belohnen und loben Sie ihn. Schrittweise können Sie die Entfernung zwischen Ihnen und Ihrem Hund vergrößern. Wenn er auf Sie zukommt anstatt sich hinzusetzen, beginnen Sie erneut und belohnen Sie ihn erst, wenn er die Übung richtig ausführt. Sie können auch die Dauer erhöhen, in der Ihr Hund sitzen bleiben soll. Beenden Sie das „Sitz“ immer mit einem Auflösesignal wie „O.k.“ und einer entsprechenden Handbewegung. Sobald Ihr Hund das Verhalten verinnerlicht hat, können Sie das Sitz-Kommando auch in Umgebungen mit mehr Ablenkung trainieren, beispielsweise während eines Spaziergangs.

Platz für eigene Notizen darüber, wie es mit dieser Übung klappt:

Platz!

Das Training des Platz-Kommandos

Um dem Hund das Kommando „Platz“ beizubringen, gibt es verschiedene Möglichkeiten. Beginnen Sie damit, den Hund in eine Sitzposition zu führen. Halten Sie dann ein Leckerchen vor seine Nase und senken Sie es langsam mit Ihrer flachen Hand zum Boden.
Viele Hunde werden sich dabei von selbst hinlegen. Sobald Brust und Hinterteil den Boden berühren, geben Sie das Kommando „Platz“, loben Sie den Hund und belohnen Sie ihn in Bodennähe.

Achten Sie darauf, ein Auflösesignal festzulegen, das signalisiert, dass die Übung beendet ist und der Hund wieder aufstehen darf.
Trainieren Sie nun mit zunehmendem Abstand, sodass der Hund das Signal (eine flache Hand, die sich in Richtung Boden bewegt) und das Wort „Platz“

mit dem Hinlegen verbindet. Sie können auch die Dauer des Liegens allmählich erhöhen und das Training in einer Umgebung mit mehr Ablenkungen durchführen, um den Hund herauszufordern.

Platz für eigene Notizen darüber, wie es mit dieser Übung klappt:

Bleib!

Das Training des Befehls „Bleib!“

Das Kommando „Bleib!“ ist äußerst nützlich, um Ihren Hund an einem bestimmten Ort zu halten. Es kann in verschiedenen Alltagssituationen hilfreich sein, beispielsweise beim Passieren von Joggern oder Radfahrern während eines Spaziergangs oder beim Warten in Cafés oder Supermärkten. Auch zu Hause kann das Kommando nützlich sein, wenn Ihr Hund an seinem Platz bleiben soll. In der Regel wird das Kommando „Bleib!“ in Verbindung mit den Kommandos „Sitz!“ und „Platz!“ verwendet, die Ihr Hund bereits beherrschen sollte.

So trainieren Sie das Kommando „Bleib!“

Für die ersten Übungen empfiehlt es sich, eine relativ ablenkungsfreie

Umgebung zu wählen. Beginnen Sie damit, Ihren Hund in die Sitz- oder Platz-Position zu bringen. Gehen Sie dann einige Schritte rückwärts und geben Sie das Signal „Bleib!" zusammen mit einer aufrechten flachen Hand (Stoppzeichen). Wenn Ihr Hund in der Position bleibt, beenden Sie die Übung, indem Sie ihn beispielsweise zu sich rufen (Auflösesignal). Gehen Sie zu ihm zurück und belohnen Sie sein Verhalten, jedoch nur, wenn er bis zum Auflösesignal ausgeharrt hat.

Im nächsten Schritt können Sie die Dauer und Entfernung allmählich erhöhen. Geben Sie das Kommando nur einmal und wiederholen Sie es nicht fortlaufend. Ein Tipp: Viele Hunde finden es einfacher zu warten, wenn sie einen speziellen markierten Platz wie eine Decke, ein Körbchen oder ein Handtuch haben, auf dem sie sich sicher und geborgen fühlen.

Platz für eigene Notizen darüber, wie es mit dieser Übung klappt:

Aus!

Das Kommando „Aus!“

Das Zurückgeben einer Beute ist für die meisten Hunde eine Herausforderung. Doch manchmal nehmen sie unbeabsichtigt gefährliche oder unangemessene Gegenstände ins Maul, die sogar lebensbedrohlich sein können (z. B. spitze oder giftige Objekte). Auch für das Apportieren ist es wichtig, dass der Hund Gegenstände freigibt.

So trainieren Sie das Kommando „Aus!“

Bieten Sie Ihrem Hund als Reaktion auf das Kommando „Aus!“ ein unwiderstehliches Tauschgeschäft an - idealerweise sein Lieblingsspielzeug oder ein Leckerli. Während er sein Maul öffnet und den Gegenstand fallen lässt, sagen Sie ruhig und entschlossen „Aus!“ und überreichen ihm das interessantere

Tauschobjekt. Später genügt es, ihn einfach zu loben, um das gewünschte Verhalten zu bestärken.

Platz für eigene Notizen darüber, wie es mit dieser Übung klappt:

Nein!

Das Kommando „Nein!“

Das Kommando „Nein!“ setzt klare Grenzen für bestimmte Gegenstände oder Verhaltensweisen. Es ist eines der entscheidenden Kommandos in der Hundeerziehung und vereinfacht das Zusammenleben mit dem Hund erheblich. Es gibt zahlreiche Dinge, die der Hund nicht tun darf: das Stehlen von Essen oder das Zerbeißen der Lieblingsschuhe seines Frauchens zum Beispiel. Im Training gegen Giftköder rettet das Kommando „Nein!“ sogar Leben. Üben Sie dieses Signal daher gründlich ein und verwenden Sie es nicht zu häufig, um seine wichtige Signalwirkung aufrechtzuerhalten.

So trainieren Sie das Kommando „Nein!“

Halten Sie ein Leckerli in Ihrer offenen Hand. Wenn Ihr Hund versucht, es zu nehmen, sagen Sie klar und entschlossen „Nein!“ und schließen Ihre Hand. Öffnen Sie dann erneut Ihre Hand und wiederholen Sie den Vorgang. Erst wenn Ihr Hund nicht mehr ungeduldig Ihre Hand anstupst und stattdessen Blickkontakt zu Ihnen sucht, öffnen Sie Ihre Hand und erlauben ihm mit dem Wort „Freigabe“, das Leckerli zu nehmen. Im nächsten Schritt legen Sie das Leckerli auf den Boden und wiederholen die Übung.

Platz für eigene Notizen darüber, wie es mit dieser Übung klappt:

Komm!

Das Signal „Komm!"

Ein zuverlässiges Signal zur Rückkehr ist von entscheidender Bedeutung und gehört zu den wichtigsten Kommandos, die Ihr tierischer Begleiter beherrschen sollte. Es dient dem Schutz des Hundes, des Menschen und der Umwelt und ermöglicht ihm gleichzeitig den Freilauf. Das Signal „Komm!" wird von den meisten Hunden schnell erlernt, da sie dieses Verhalten oft von sich aus zeigen. Insbesondere Welpen haben die natürliche Neigung, ihren Zweibeinern zu folgen oder sie nach abenteuerlichen Erkundungstouren in unbekannten Situationen wieder aufzusuchen.

So trainieren Sie das Signal „Komm!"

Wenn der Hund zu Ihnen kommt, geben Sie das Signal „Komm!" und freuen

sich über seine Ankunft. Ein freundliches „Komm!“ und eine offene Körperhaltung laden den Hund ein, in jeder Situation gerne zu Ihnen zu kommen. Sobald der Hund bei Ihnen ist, belohnen Sie ihn sofort mit Leckerlis, Streicheleinheiten oder seinem Lieblingsspielzeug. Jede Rückkehr sollte immer positiv verstärkt und so attraktiv wie möglich gestaltet werden, um eine nachhaltige Festigung des Rückrufs zu gewährleisten.
Der Trick besteht darin, sich selbst interessanter zu machen als die Umgebung. Zusätzlich zur verbalen Stimme können Sie auch mit einem Signalgerät wie einer Hundepfeife* arbeiten. Pfeifen Sie und verbinden Sie dies mit dem Signal „Komm!“. Ähnlich wie beim Klicker wird der Hund bald die Pfeife mit dem Signal in Verbindung bringen und Sie können auf den verbalen Befehl verzichten.

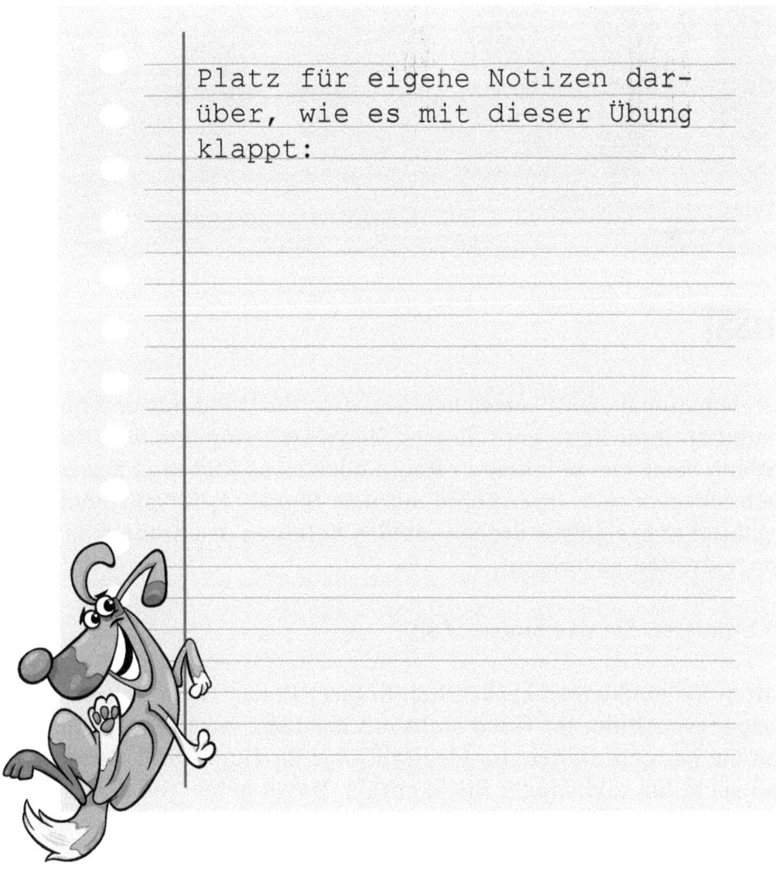

fuss!

Mit dem Signal „Fuß!“ erreichen Sie, dass Ihr Hund mit und ohne Leine entspannt an Ihrer Seite geht. Dieses Signal ist besonders wichtig, wenn Sie sich entlang einer viel befahrenen Route oder eines Radwegs bewegen. Es kann auch hilfreich sein, Ihren Hund mit dem Signal „Fuß!“ abzulenken, wenn unerwünschte Ereignisse drohen, da das Befolgen des Signals Ihrem Hund viel Konzentration abverlangt.

So trainieren Sie das Signal „Fuß!“

Halten Sie ein kleines Leckerchen in Ihrer linken Hand und starten Sie in der Ausgangsposition: Ihr Hund steht mit der Leine an Ihrer linken Seite. Beginnen Sie mit dem Gehen. Im Idealfall folgt Ihr Hund Ihrer Hand mit der Nase und sucht hin und wieder Blickkontakt. Dabei geben Sie das Signal „Fuß!“. Wenn Ihr Hund entspannt neben Ihnen geht, geben Sie ihm eines der

Leckerchen als Belohnung. Wenn Ihr Hund jedoch ungeduldig zieht oder bellt, bleiben Sie stehen und setzen Sie den Weg erst fort, wenn er sich beruhigt hat.

Im nächsten Fuß variieren Sie das Tempo. In einem weiteren Fuß können Sie auch ohne Leine üben, jedoch zunächst in einem eingezäunten Bereich oder mit einer langen Leine zur Sicherheit. Da diese Übung von Ihrem Hund – unabhängig von seinem Alter – viel Konzentration erfordert, empfiehlt es sich, nur in kurzen Trainingsphasen mit ihm zu üben.

Platz für eigene Notizen darüber, wie es mit dieser Übung klappt:

Jetzt!

Jetzt: Dieses Kommando kann verwendet werden, um Ihrem Hund zu signalisieren, dass er eine vorher angehaltene oder erwartete Aktion nun ausführen darf. Es ist besonders hilfreich, um Ihren Hund beispielsweise geduldig auf sein Futter warten zu lassen.

Beginnen Sie damit, Ihren Hund vor seinem Futter sitzen zu lassen. Halten Sie ihn zurück und sagen Sie deutlich „Warten". Zeigen Sie mit Ihrem Handzeichen, dass er warten soll.

Lassen Sie ihn einige Sekunden warten, dann sagen Sie „Jetzt" und zeigen Sie mit Ihrem Handzeichen, dass er nun darf. Wenn Ihr Hund zum Futter geht, nachdem Sie „Jetzt" gesagt haben, loben Sie ihn und lassen Sie ihn fressen. Üben Sie dieses Kommando regelmäßig, indem Sie die Wartezeit schrittweise verlängern. Es ist wichtig, dass Ihr Hund lernt, geduldig zu sein und auf Ihr

Signal zu warten, bevor er eine Aktion ausführt.
Sie können dieses Kommando auch in anderen Situationen verwenden, zum Beispiel wenn Sie möchten, dass Ihr Hund vor der Tür wartet, bevor er nach draußen darf, oder wenn Sie ein Spielzeug werfen und möchten, dass er wartet, bis er es holen darf.

Platz für eigene Notizen darüber, wie es mit dieser Übung klappt:

Jagdinstinkt beherrschen.

Nicht jagen: Dieses Kommando ist besonders wichtig für Hunde, die einen starken Jagdtrieb haben. Es kann dazu beitragen, Ihren Hund davon abzuhalten, Tiere zu jagen oder in gefährliche Situationen zu geraten.

Um Ihrem Hund das Kommando „Nicht jagen“ beizubringen, beginnen Sie in einer sicheren und kontrollierten Umgebung. Sie können ein Spielzeug verwenden, das sich bewegt, um den Jagdtrieb Ihres Hundes anzusprechen, wie zum Beispiel eine Spielzeugmaus an einer Schnur.

Wenn Ihr Hund das Spielzeug jagt, sagen Sie das Kommando „Nicht jagen“ und lenken Sie seine Aufmerksamkeit auf sich, entweder mit einem Leckerli oder einem anderen Spielzeug. Wenn er aufhört zu jagen und zu Ihnen kommt, loben Sie ihn und geben Sie ihm ein Leckerli.
Üben Sie dieses Kommando regelmäßig und in verschiedenen Situationen.

Mit der Zeit sollten Sie das Training in eine Umgebung mit mehr Ablenkungen verlagern, wie zum Beispiel einen Park mit Eichhörnchen oder Vögeln.
Seien Sie geduldig und konsequent. Es kann einige Zeit dauern, bis Ihr Hund dieses Kommando vollständig versteht, besonders wenn er einen starken Jagdtrieb hat.

Das waren alle Grundkommandos, die wir besprechen wollten. Jedes dieser Kommandos kann dazu beitragen, die Sicherheit und das Wohlbefinden Ihres Hundes zu verbessern, sowie Ihre Beziehung zu stärken. Denken Sie daran, dass Training Geduld und Konsequenz erfordert, und dass es wichtig ist, Ihren Hund immer mit Liebe und Respekt zu behandeln. Viel Spaß beim Training!

Platz für eigene Notizen darüber, wie es mit dieser Übung klappt:

Klickertraining leicht gemacht.

Das Klickertraining ist eine effektive und wissenschaftlich fundierte Methode zur Hundeerziehung und -training, die auf den Prinzipien des operanten Konditionierens basiert. Es ist eine Methode, die positive Verstärkung verwendet, um gewünschtes Verhalten zu belohnen und zu fördern. In diesem umfassenden Artikel erfahren Sie, was Klickertraining ist, wie es funktioniert, welche Vorteile es bietet und wie Sie es effektiv einsetzen können.

Was ist Klickertraining?
Klickertraining ist eine Methode der Hundeerziehung, bei der ein spezieller „Klicker" - ein kleines Gerät, das einen deutlichen Klick-Ton erzeugt - verwendet wird, um dem Hund zu signalisieren, dass er etwas richtig gemacht hat. Der Klicker dient als „Brückenwort" oder „Marker", der den exakten Moment des gewünschten Verhaltens markiert und dem Hund sagt: „Genau das hast du richtig gemacht!"

Damit klappt das Training!

Im Grunde ist der Klicker ein Kommunikationswerkzeug. Er liefert eine klare und konsistente Botschaft, die Hunde leicht verstehen können. Der Klick-Ton ist immer gleich und wird vom Hund nicht mit anderen Geräuschen oder menschlichen Stimmen verwechselt.

Wie funktioniert das Klickertraining?
Das Prinzip des Klickertrainings basiert auf dem operanten Konditionieren, einer Lerntheorie, die besagt, dass das Verhalten durch seine Konsequenzen geformt wird. Wenn ein Verhalten zu einer positiven Konsequenz führt (z.B. einer Belohnung), wird es wahrscheinlich wiederholt.

Im Klickertraining wird der Klicker verwendet, um den genauen Moment des gewünschten Verhaltens zu markieren. Sobald der Hund das gewünschte Verhalten zeigt, wird der Klicker betätigt und der Hund wird sofort belohnt.

Auf diese Weise lernt der Hund, dass der Klick-Ton eine Belohnung ankündigt und dass das markierte Verhalten zu einer Belohnung führt.

Ein typisches Trainingsszenario könnte folgendermaßen aussehen: Nehmen wir an, Sie möchten Ihrem Hund beibringen, „Sitz“ zu machen. Sie warten, bis Ihr Hund sich von selbst hinsetzt. In dem Moment, in dem sein Hinterteil den Boden berührt, klicken Sie und geben ihm sofort eine Belohnung. Ihr Hund wird schnell lernen, dass das Sitzen zum Klick und zur Belohnung führt.

Vorteile des Klickertrainings
Klickertraining bietet eine Reihe von Vorteilen gegenüber anderen Trainingsmethoden:

Klare Kommunikation: Der Klicker liefert eine klare und eindeutige Botschaft. Es gibt keine Verwirrung oder Fehlinterpretationen, wie es manchmal bei verbalen Befehlen der Fall sein kann.

Schnelles Lernen: Da der Klicker den genauen Moment des gewünschten Verhaltens markiert, kann der Hund schnell lernen, welches Verhalten belohnt wird.

Positive Verstärkung: Klickertraining basiert auf positiver Verstärkung, was bedeutet, dass gewünschtes Verhalten belohnt und gefördert wird, anstatt unerwünschtes Verhalten zu bestrafen. Dies fördert ein positives Lernumfeld und stärkt die Beziehung zwischen Ihnen und Ihrem Hund.

Flexibilität: Klickertraining kann für eine Vielzahl von Verhaltensweisen und Kommandos verwendet werden, von einfachen Kommandos wie „Sitz“ und „Platz“ bis hin zu komplexeren Tricks und Fertigkeiten.

Baut Vertrauen und Bindung auf: Da das Klickertraining auf Belohnung und nicht auf Bestrafung basiert, wird es von den Hunden oft positiv aufgenommen, was das Vertrauen und die Bindung zwischen Ihnen und Ihrem Hund stärkt.

Klickertraining erfolgreich einsetzen: Tipps und Tricks
1. Den Klicker „aufladen“: Bevor Sie mit dem Klickertraining beginnen, sollten Sie den Klicker „aufladen“ oder „konditionieren“. Dies bedeutet, dass Sie Ihren Hund darauf konditionieren, dass der Klicker-Ton eine Belohnung ankündigt. Um dies zu tun, klicken Sie einfach und geben Sie Ihrem Hund sofort eine Belohnung. Wiederholen Sie diesen Vorgang mehrmals, bis Ihr Hund die Verbindung zwischen dem Klicker-Ton und der Belohnung verstanden hat.

2. Timing ist alles: Bei der Verwendung des Klickers ist das richtige Timing entscheidend. Der Klick sollte genau im Moment des gewünschten Verhaltens erfolgen. Wenn das Timing nicht stimmt, könnte Ihr Hund das falsche Verhalten mit der Belohnung assoziieren.

3. Sofortige Belohnung: Nach dem Klick sollte die Belohnung sofort erfolgen. Je schneller die Belohnung erfolgt, desto besser wird Ihr Hund die Verbindung zwischen seinem Verhalten und der Belohnung verstehen.

4. Verwendung von qualitativ hochwertigen Belohnungen: Verwenden Sie Belohnungen, die Ihr Hund wirklich mag, wie z.B. kleine Stücke von seinem Lieblingssnack oder Spielzeug. Je attraktiver die Belohnung, desto motivierter wird Ihr Hund sein, das gewünschte Verhalten zu zeigen.

5. Kurze Trainingseinheiten: Hunde lernen am besten in kurzen, aber regelmäßigen Trainingseinheiten. Zehn bis fünfzehn Minuten pro Trainingseinheit sind in der Regel ausreichend. Mehrere kurze Trainingseinheiten pro Tag sind oft effektiver als eine lange Trainingseinheit.

Zusammenfassend ist das Klickertraining eine effektive und positive Methode zur Hundeerziehung. Mit ein wenig Übung und Geduld kann es Ihnen und Ihrem Hund helfen, besser zu kommunizieren und das Training zu einer angenehmen und lohnenden Erfahrung zu machen.

Von den Profis lernen.

Haben Sie bereits vom BHV Hundeführerschein gehört? Es handelt sich dabei um eine Art Führerschein, allerdings nicht für das Auto, sondern für Sie und Ihren vierbeinigen Begleiter. Interessant, nicht wahr? Viele Hundeschulen und Trainer bieten diesen Kurs an, um Sie und Ihren pelzigen Freund auf ein sicheres und harmonisches Zusammenleben im Alltag vorzubereiten. Diese Initiative wird vom Berufsverband der Hundeerzieher/innen und Verhaltensberater/innen e.V. (kurz BHV) ins Leben gerufen und überwacht. In diesem Artikel erfahren Sie alles Wissenswerte darüber - von den Prüfungsinhalten über die Vorbereitung bis hin zur Bedeutung für Sie als Hundehalter.

Das Ziel dieser Unternehmung besteht darin, Sie und Ihren Hund für das Leben in der Gesellschaft zu qualifizieren. Das bedeutet, Sie erfahren alles Wissenswerte über Hundeerziehung, Kommunikation, Verhalten und sogar rechtliche Aspekte, während Ihr Hund lernt, sich in verschiedenen Situationen angemessen und sicher zu verhalten.

Die Prüfung selbst setzt sich aus Theorie und Praxis zusammen. In der Theorie füllen Sie einen Multiple-Choice-Fragebogen aus, in dem Themen wie Hundeerziehung, Kommunikation, Lernverhalten, Körpersprache, Hundehaltung, Pflege, rechtliche Aspekte und sogar Erste Hilfe für Hunde behandelt werden.

In der Praxis muss Ihr Hund dann sein Können unter Beweis stellen: Grundgehorsam (Sitz, Platz, Bleib, Herankommen auf Zuruf, Leinenführigkeit), Begegnungen mit anderen Hunden und Menschen, Verhalten in Alltagssituationen (z.B. Straßenverkehr, öffentliche Verkehrsmittel, Menschenmengen) und das Bewältigen von Umweltreizen (Geräusche, ungewohnte Objekte, Bodenbeläge). Und natürlich muss er auch beweisen, dass er ohne Sie entspannt bleiben kann.

Um sich auf den BHV Hundeführerschein vorzubereiten, können Sie an speziellen Vorbereitungskursen teilnehmen. Viele Hundeschulen und Trainer bieten diese an und sie decken sowohl die theoretischen als auch die praktischen Aspekte ab. Also, warum zögern Sie noch? Bereiten Sie sich und Ihren vierbeinigen Freund auf den Alltag vor!

Warum sollten Sie sich also die Mühe machen, den BHV Hundeführerschein zu absolvieren, wenn dieser doch freiwillig ist? Ganz einfach, weil er Ihnen und Ihrem Hund eine Vielzahl von Vorteilen bietet.

Erstens, Sicherheit und Verantwortungsbewusstsein: Indem Sie die Prüfung bestehen, zeigen Sie, dass Sie Ihren Hund unter Kontrolle haben und potenzielle Konflikte im Alltag geschickt vermeiden können.

Zweitens, bessere Kommunikation und Bindung: Die Vorbereitung auf den BHV Hundeführerschein hilft Ihnen, Ihre Kommunikation mit Ihrem Hund zu verbessern und ihn besser zu verstehen. Dies führt zu einer stärkeren Bindung und einem harmonischeren Zusammenleben.

Drittens, Anerkennung durch Dritte: Obwohl der BHV Hundeführerschein in Deutschland keine gesetzliche Pflicht ist, kann er bei Versicherungen, Vermietern oder Behörden als Nachweis für verantwortungsvolle Hundehaltung anerkannt werden. Das kann beispielsweise bei der Wohnungssuche oder beim Abschluss einer Haftpflichtversicherung von Vorteil sein.

Viertens, Sie fördern das positive Image von Hunden: Indem Sie den BHV Hundeführerschein absolvieren und verantwortungsvoll mit Ihrem Hund umgehen, tragen Sie dazu bei, das Bild von Hunden und Hundehaltern in der Gesellschaft zu verbessern und Vorurteile abzubauen.

Zusammenfassend lässt sich sagen, dass der BHV Hundeführerschein eine wirklich lohnenswerte Sache ist. Er trägt dazu bei, das Zusammenleben von Mensch und Hund sicherer und harmonischer zu gestalten. Durch die Teilnahme an Vorbereitungskursen und das Bestehen der Prüfung demonstrieren Sie, dass Sie verantwortungsbewusst mit Ihrem Hund umgehen und erweitern Ihre Kenntnisse und Fähigkeiten im Umgang mit Ihrem Vierbeiner. Also, nehmen Sie die Leine und machen Sie sich auf den Weg zur nächsten Hundeschule!

Adressen und weitere Informationen finden Sie im Service-Teil weiter hinten in diesem Buch.

Nützlicher Behördenkram!

„Hunde sind die besten Freunde des Menschen, weil sie die Fehler des Menschen übersehen." - Aldous Huxley

Freunde für ein ganzes Leben.

Der Kangal – imposant, wächterscharf, selbstständig und mit einer würdevollen Ausstrahlung – ist vor allem eines: ein treuer Gefährte mit großem Herzen für seine Familie.

Was viele unterschätzen: Trotz seiner Wurzeln als Herdenschutzhund ist der Kangal bei guter Prägung und klarer Führung ein erstaunlich ruhiger, geduldiger und schützender Familienhund, der auch im Alltag mit Kindern eine besondere Rolle spielen kann.

Kind trifft Kangal – das erste Kennenlernen

Wenn ein Kangal in eine Familie mit Kindern einzieht, ist gegenseitige Rücksicht das oberste Gebot. Kleine Kinder müssen lernen, dass ein Hund ein Lebewesen mit Bedürfnissen ist. Der Kangal ist in der Regel sehr souverän, aber seine Größe und Kraft dürfen nie unterschätzt werden.

Eltern sind hier in der Verantwortung:

Kinder müssen verstehen, dass der Hund beim Fressen oder Ruhen nicht gestört werden darf.
Der Kangal darf nicht bedrängt oder als Spielzeug betrachtet werden.
Rückzugsorte des Hundes müssen respektiert werden.
Wilde Rennen oder lautes Kreischen in direkter Hundennähe sollten vermieden werden.
Gerade in der Anfangszeit sollten alle Begegnungen beaufsichtigt und durch klare Regeln begleitet werden – für Kinder wie für Hund.

Wie der Kangal tickt – und was das für Kinder bedeutet

Der Kangal ist aufmerksam, ruhig und besitzt einen ausgeprägten Schutztrieb. Was er liebt: Struktur, Vertrautheit und klare Rollen. Was er nicht mag: Chaos, Unsicherheit oder hektisches Verhalten.

Typisch für den Kangal:
Er beobachtet seine Familie aus der Distanz und ist dennoch stets in der Nähe.
Er erkennt intuitiv, wenn Kinder Schutz brauchen.
Er reagiert nicht aggressiv, sondern setzt auf Präsenz und Autorität.
Er ist kein verspielter Clown, aber geduldig und ruhig im Umgang mit Kindern.

Viele Kangals entwickeln eine leise Fürsorge für die jüngsten Familienmitglieder. Sie legen sich in die Nähe, gehen mit spazieren oder beobachten aufmerksam das Geschehen – bereit, wenn es darauf ankommt.

Ein harmonisches Miteinander braucht Regeln

Damit das Zusammenleben gelingt, braucht es Struktur und gegenseitigen Respekt. Der Kangal ist kein Hund für „nebenbei“ – er braucht klare Signale, einen festen Platz im Familienleben und regelmäßige Aufgaben.

Was hilft:
Ein geschützter Rückzugsort, den nur der Hund nutzt.
Feste Abläufe: Spazierengehen, Füttern, Ruhephasen.
Gemeinsames Training mit einfachen Kommandos, die auch Kinder ausführen können.

Konsequentes, ruhiges Verhalten aller Familienmitglieder.

Der Kangal kann Kindern Halt geben, besonders wenn diese unsicher oder ängstlich sind. Seine wachsame, ruhige Art wirkt oft beruhigend und vertrauensfördernd.

Was Eltern beachten müssen

Trotz seiner Geduld ist der Kangal kein Babysitter. Seine Größe und Kraft können unbeabsichtigt zu Problemen führen, wenn Kinder unbeaufsichtigt sind.

Lassen Sie Kleinkinder nie alleine mit dem Hund.

Üben Sie Alltagssituationen wie Fellpflege oder Gassi gemeinsam.

Respektieren Sie die Grenzen des Hundes – und bringen Sie sie auch den Kindern bei.

Wenn die Balance stimmt, wird der Kangal zum „großen Bruder auf vier Pfoten" – würdevoll, loyal und voller Schutzinstinkt.

Fazit: Der Kangal als Familienhund

Der Kangal ist kein Hund für jedermann – aber mit Verständnis, Erfahrung und klarer Führung ein beeindruckender Familienhund.

Er braucht Raum, Struktur, Vertrauen – und Menschen, die ihn als Partner respektieren.

Für Kinder kann er ein treuer Begleiter sein, der Sicherheit, Ruhe und Beständigkeit vermittelt.

Wer einem Kangal mit Herz und Verstand begegnet, findet in ihm einen stolzen Beschützer und tief verbundenen Freund.

Ein gutes Team!

„Alles Wissen, die Gesamtheit aller Fragen und Antworten, ist in den Hunden enthalten.“ - Franz Kafka

Die Grundlage für einfach alles.

Die Grundlagen der Hundernährung: Die Bedeutung einer ausgewogenen Ernährung für Hunde

Eine ausgewogene und nährstoffreiche Ernährung ist für jeden Hund von entscheidender Bedeutung. Sie ist das Fundament, auf dem Gesundheit, Lebensqualität und Langlebigkeit aufbauen.

Eine unzureichende oder unausgewogene Ernährung kann zu verschiedenen Gesundheitsproblemen wie Haut- und Fellproblemen, schlechter Knochengesundheit, Immunsystemschwäche und vielen anderen Zuständen führen. Daher ist es unerlässlich, dass Hundebesitzer die Grundlagen der Hundernährung verstehen.

Proteine

Proteine sind die Bausteine des Körpers und haben eine zentrale Bedeutung in der Ernährung eines Hundes. Sie liefern essentielle Aminosäuren, die für Wachstum, Muskelaufbau, Reparatur von Körperzellen und die Produktion von Hormonen und Enzymen notwendig sind.

Hochwertige tierische Proteine wie Geflügel, Rind, Fisch und Ei sind besonders wichtig, da sie alle essentiellen Aminosäuren enthalten, die Hunde für eine optimale Gesundheit benötigen.

Kohlenhydrate

Kohlenhydrate liefern Energie und sind besonders für sehr aktive Hunde wichtig. Sie enthalten Ballaststoffe, die die Verdauungsgesundheit unterstützen. Es ist jedoch wichtig darauf zu achten, dass die Kohlenhydrate aus guten Quellen wie Vollkornprodukten, Obst und Gemüse stammen. Diese enthalten auch Vitamine, Mineralstoffe und Antioxidantien.

Fette

Fette sind die konzentrierteste Energiequelle in der Ernährung eines Hundes. Sie liefern essentielle Fettsäuren, die für die Gehirnfunktion, die Aufrechterhaltung der Haut- und Fellgesundheit und die Unterstützung des Immunsystems wichtig sind. Omega-3- und Omega-6-Fettsäuren sind besonders nützlich für Hunde.

Vitamine und Mineralstoffe

Vitamine und Mineralstoffe spielen eine entscheidende Rolle in zahlreichen Körperprozessen. Sie sind an Funktionen wie der Knochengesundheit (Kalzium, Phosphor, Vitamin D), der Blutbildung (Eisen, Vitamin B12), der Haut- und Fellgesundheit (Zink, Vitamin A), der Augengesundheit (Vitamin A) und vielen anderen beteiligt.

Hundebesitzer sollten beachten, dass zu viele Vitamine und Mineralien ebenso schädlich sein können wie zu wenige. Deshalb ist es wichtig, ein ausgewogenes Hundefutter zu wählen, das speziell darauf ausgelegt ist, den Nährstoffbedarf des Hundes zu decken, ohne dass eine Über- oder Unterversorgung entsteht.

Wasser

Wie ich bereits erwähnt habe, ist Wasser ein unverzichtbarer Bestandteil der Hundeernährung. Es ist an fast allen Körperfunktionen beteiligt, einschließlich Verdauung, Nährstofftransport, Regulierung der Körpertemperatur und mehr. Ein Hund kann Tage oder sogar Wochen ohne Nahrung überleben, aber nur wenige Tage ohne Wasser. Daher sollte immer darauf geachtet werden, dass Ihr Hund jederzeit Zugang zu frischem, sauberem Wasser hat.

Zusammenfassung

Eine ausgewogene Ernährung, die alle notwendigen Nährstoffe enthält, ist unerlässlich für die Gesundheit und das Wohlbefinden Ihres Hundes. Proteine, Kohlenhydrate, Fette, Vitamine, Mineralstoffe und Wasser sind alle wichtige Bestandteile, die in der richtigen Menge und im richtigen Verhältnis vorhanden sein müssen.

Es ist auch wichtig zu beachten, dass die spezifischen Ernährungsbedürfnisse eines Hundes von verschiedenen Faktoren wie Alter, Rasse, Gewicht, Aktivitätsniveau und Gesundheitszustand abhängen können. Daher kann es ratsam sein, mit einem Tierarzt oder einem Hundeernährungsberater zusammenzuarbeiten, um die am besten geeignete Ernährung für Ihren speziellen Hund zu ermitteln.

Zu guter Letzt sollte die Ernährung Ihres Hundes auch schmackhaft sein! Eine ausgewogene und nährstoffreiche Ernährung ist nutzlos, wenn Ihr Hund sie nicht frisst. Die beste Ernährungsstrategie berücksichtigt sowohl die gesundheitlichen Bedürfnisse als auch die Vorlieben Ihres Hundes.

Die Rolle der Ernährung in verschiedenen Lebensphasen: Anpassung an Alter, Größe und Gesundheitszustand

Die Ernährungsbedürfnisse eines Hundes können sich im Laufe seines Lebens dramatisch ändern. Von den ersten Tagen als Welpe bis ins hohe Alter sind spezielle Ernährungen und Fütterungspläne notwendig, um die Gesundheit und das Wohlbefinden zu fördern und zu erhalten. Dabei spielen sowohl das Alter als auch die Größe und der Gesundheitszustand eine entscheidende Rolle.

Welpenernährung

Die Ernährung von Welpen ist von größter Bedeutung, da sie sich in einer intensiven Wachstumsphase befinden. Welpen benötigen eine nährstoffreiche Ernährung mit einem höheren Anteil an Proteinen und Kalorien als erwachsene Hunde, um ihr schnelles Wachstum und die Entwicklung zu unterstützen.

Die Menge des Futters und die Anzahl der Fütterungen pro Tag sollten ebenfalls an das Wachstum und die Energiebedürfnisse des Welpen angepasst werden. Welpen sollten in der Regel drei bis vier Mal pro Tag gefüttert werden.

Ernährung für ausgewachsene Hunde

Sobald ein Hund ausgewachsen ist, ändern sich seine Ernährungsbedürfnisse erneut. Der Bedarf an Kalorien und Proteinen kann sinken, da das schnelle Wachstum nachlässt. Erwachsene Hunde benötigen eine ausgewogene Ernährung, die alle notwendigen Nährstoffe enthält, jedoch nicht überschüssig ist, um Übergewicht und damit verbundene Gesundheitsprobleme zu vermeiden.

Die Menge und die Häufigkeit der Fütterungen können ebenfalls angepasst werden. Die meisten erwachsenen Hunde kommen gut mit zwei Mahlzeiten pro Tag aus.

Ernährung für ältere Hunde

Im Alter ändern sich die Ernährungsbedürfnisse eines Hundes erneut. Ältere Hunde neigen dazu, weniger aktiv zu sein und benötigen daher weniger Kalorien. Gleichzeitig können gesundheitliche Probleme auftreten, die eine Anpassung der Ernährung erfordern.

Viele ältere Hunde profitieren von Ernährungen, die reich an hochwertigen Proteinen und niedrig an Fett und Kalorien sind. Zusätzlich kann es hilfreich sein, spezielle Nährstoffe zu ergänzen, die die Gelenkgesundheit unterstützen oder spezifische gesundheitliche Probleme adressieren.

Anpassung an Größe und Gesundheitszustand

Hunde mit gesundheitlichen Problemen wie Allergien, Herzerkrankungen oder Diabetes benötigen möglicherweise spezielle Ernährungen oder Nahrungsergänzungsmittel. Zum Beispiel kann ein Hund mit Herzproblemen von einer Ernährung profitieren, die niedrig in Natrium und hoch in Omega-3-Fettsäuren ist. Ein diabetischer Hund benötigt eine Ernährung, die hilft, den Blutzuckerspiegel stabil zu halten.

Es ist wichtig zu beachten, dass jede Änderung in der Ernährung eines

Hundes, insbesondere wenn es um spezifische Gesundheitsprobleme geht, immer unter Aufsicht eines Tierarztes durchgeführt werden sollte.

Futterauswahl für Hunde: Trockenfutter, Nassfutter, Rohfutter und Hausgemachtes Futter

Die Auswahl des richtigen Futters für Ihren Hund kann eine Herausforderung sein, da es viele verschiedene Optionen und Überlegungen gibt. Die häufigsten Optionen sind Trockenfutter, Nassfutter, Rohfutter (auch bekannt als BARF - Biologisch Artgerechtes Rohes Futter) und hausgemachtes Futter. Jede dieser Optionen hat ihre eigenen Vor- und Nachteile und kann besser oder schlechter für Ihren Hund geeignet sein, abhängig von verschiedenen Faktoren wie Größe, Rasse, Aktivitätsniveau und gesundheitlichen Bedenken.

Trockenfutter

Trockenfutter ist eine der beliebtesten Optionen für Hundefutter. Es hat mehrere Vorteile, darunter lange Haltbarkeit, einfache Lagerung und Handhabung, und es ist oft kostengünstiger als andere Futteroptionen. Es kann auch zur Verbesserung der Zahnhygiene beitragen, da das Kauen von trockenem Futter helfen kann, Plaque zu entfernen.

Ein Nachteil des Trockenfutters ist jedoch, dass es oft hohe Mengen an Kohlenhydraten und weniger Feuchtigkeit enthält als andere Futterarten. Einige Hunde können auch Nahrungsmittelallergien oder -unverträglichkeiten gegen bestimmte Zutaten in Trockenfutter haben.
Nassfutter

Nassfutter ist eine weitere gängige Option. Es ist oft schmackhafter für Hunde und kann eine höhere Qualität an Proteinen und weniger Kohlenhydrate als Trockenfutter enthalten. Darüber hinaus enthält Nassfutter viel Feuchtigkeit, was zur Hydratation beitragen kann.

Nachteile von Nassfutter können die kürzere Haltbarkeit nach dem Öffnen, die höheren Kosten und die Tatsache, dass es weniger bequem zu lagern und zu handhaben ist als Trockenfutter, sein.

Rohfutter (BARF)

Die Rohfütterung oder BARF-Ernährung basiert auf dem Prinzip, Hunde mit rohem Fleisch, Knochen, Obst und Gemüse zu füttern, ähnlich dem, was ihre Vorfahren in der Wildnis gegessen hätten. Befürworter dieser Ernährungsform

Trockenfutter: ja oder nein?

argumentieren, dass sie zu einem glänzenderen Fell, gesünderer Haut und besserer allgemeiner Gesundheit führt.

Allerdings kann die Rohfütterung auch Herausforderungen und Risiken mit sich bringen. Sie erfordert eine sorgfältige Planung und Zubereitung, um sicherzustellen, dass der Hund alle benötigten Nährstoffe erhält. Es besteht auch ein Risiko für bakterielle Kontamination durch rohes Fleisch.

Hausgemachtes Futter

Hausgemachtes Futter kann zeitaufwendig sein und erfordert eine sorgfältige Planung und Kenntnisse über Hundenährung, um sicherzustellen, dass es ausgewogen ist und alle notwendigen Nährstoffe enthält. Es kann auch schwierig sein, die richtige Nährstoffzusammensetzung und Kalorienzufuhr zu erreichen, insbesondere für Welpen, trächtige oder stillende Hündinnen und Hunde mit bestimmten gesundheitlichen Bedingungen.

Bei unsachgemäßer Zubereitung kann es zu ernährungsbedingten Mängeln oder Überschüssen kommen, die die Gesundheit Ihres Hundes beeinträchtigen können.

Wie wählt man das richtige Futter aus?

Bei der Auswahl des richtigen Futters für Ihren Hund sollten Sie mehrere Faktoren berücksichtigen. Dazu gehören die Größe, Rasse und das Alter Ihres Hundes, sein Aktivitätsniveau, eventuelle gesundheitliche Bedenken und natürlich seine persönlichen Vorlieben.

Größere Hunde und aktive Hunde benötigen mehr Kalorien, während kleinere oder weniger aktive Hunde weniger Kalorien benötigen. Einige Rassen haben spezifische ernährungsbedingte Bedürfnisse oder sind anfälliger für bestimmte Gesundheitsprobleme, die durch die Ernährung beeinflusst werden können.

Wenn Ihr Hund gesundheitliche Probleme hat, wie Allergien, Magen-Darm-Probleme, Nierenprobleme oder Übergewicht, sollten Sie ein Futter wählen, das speziell auf seine Bedürfnisse zugeschnitten ist. In diesen Fällen ist es besonders wichtig, mit Ihrem Tierarzt oder einem Tierernährungsberater zusammenzuarbeiten, um die beste Ernährungsstrategie zu finden.

Letztendlich sollte das beste Futter für Ihren Hund eine ausgewogene Versorgung mit allen notwendigen Nährstoffen bieten, zu seinem Lebensstil und seinen gesundheitlichen Bedürfnissen passen und natürlich auch etwas sein, das er gerne frisst.

Lesen von Futtermittel-Etiketten: Ein Leitfaden

Die Auswahl des richtigen Futters für Ihren Hund ist von größter Bedeutung für seine Gesundheit und sein Wohlbefinden. Eine der Schlüsselinformationen, die bei dieser Entscheidung helfen können, sind die Angaben auf dem Etikett des Hundefutters. Das Lesen und Verstehen dieser Etiketten kann jedoch verwirrend sein. Dieser Artikel soll Ihnen helfen, die grundlegenden Elemente eines Hundefutteretiketts zu verstehen.

Produktname

Der Produktname kann oft den ersten Hinweis auf den Inhalt des Futters geben. Wenn der Name eine spezifische Fleischsorte enthält (zum Beispiel „Hühnerfutter"), bedeutet dies in der Regel, dass mindestens 25% des Produkts aus diesem Fleisch bestehen.

Zutatenliste

Die Zutatenliste gibt Aufschluss darüber, was im Futter enthalten ist. Sie ist in absteigender Reihenfolge nach Gewicht sortiert, das heißt, die Zutat, die am meisten im Produkt enthalten ist, steht an erster Stelle. Achten Sie auf Produkte, die Fleisch oder Fleischmehl als erste Zutaten auflisten, da Hunde Protein benötigen.

Beachten Sie, dass die Bezeichnungen auf der Zutatenliste manchmal verwirrend sein können. „Fleisch" bezieht sich auf Muskelfleisch, während „Fleischnebenerzeugnisse" oder „tierische Nebenerzeugnisse" auf andere Teile des Tieres wie Innereien verweisen können.

Nährstoffanalyse

Die Nährstoffanalyse gibt den Prozentsatz von Proteinen, Fetten, Ballaststoffen und Wasser im Futter an. Der Protein- und Fettgehalt kann stark variieren, abhängig davon, ob es sich um ein Futter für Welpen, ausgewachsene oder ältere Hunde handelt. Welpen und aktive Hunde benötigen mehr Protein und Fett, während ältere oder weniger aktive Hunde davon weniger benötigen.

Nährstoffgarantie

In vielen Ländern ist es gesetzlich vorgeschrieben, dass Hundefutter bestimmte Mindestmengen an Nährstoffen enthält. Diese Informationen finden Sie in der Regel unter der „Nährstoffgarantie". Sie gibt den minimalen Prozentsatz an Protein und Fett sowie den maximalen Prozentsatz an Ballaststoffen und Wasser an.

Fütterungsempfehlungen

Diese Anleitung ist wichtig, um eine Vorstellung davon zu bekommen, wie viel Sie Ihrem Hund jeden Tag füttern sollten. Aber denken Sie daran, dass diese Empfehlungen allgemeine Richtlinien sind. Der spezifische Bedarf Ihres

Hundes kann variieren, je nach Alter, Größe, Rasse, Gesundheitszustand und Aktivitätsniveau. Auch muss darauf hingewiesen werden, dass die Futtermittelhersteller natürlich am Verkauf ihrer Produkte interessiert sind, mitunter werden eher zu große als zu geringe Mengen empfohlen.

Lebensmittelzusatzstoffe

Lebensmittelzusatzstoffe wie Konservierungsstoffe, Farbstoffe und Geschmacksverstärker sind oft in Hundefutter enthalten. Während einige davon sicher und notwendig sind, um das Futter frisch und schmackhaft zu halten, können andere potenziell schädlich sein. Versuchen Sie, Produkte zu vermeiden, die künstliche Farbstoffe, Süßstoffe und Konservierungsstoffe enthalten.

Angaben zur Herkunft und Herstellung

Einige Etiketten können auch Angaben zur Herkunft der Zutaten und zur Herstellung des Futters enthalten. Dies kann wichtig sein, wenn Sie besonderen Wert auf Futter aus nachhaltiger Produktion oder mit lokal bezogenen Zutaten legen.

Zusammenfassung

Das Verstehen von Futtermittel-Etiketten ist ein wesentlicher Schritt, um sicherzustellen, dass Ihr Hund eine ausgewogene und gesunde Ernährung erhält. Während es zunächst überwältigend erscheinen mag, kann das Wissen über die Bedeutung von Produktname, Zutatenliste, Nährstoffanalyse, Nährstoffgarantie und Fütterungsempfehlungen dazu beitragen, informierte Entscheidungen über das Futter Ihres Hundes zu treffen.

Gewichtsmanagement und Überfütterung bei Hunden: Ein Leitfaden zur Erhaltung eines gesunden Gewichts

Die Erhaltung eines gesunden Gewichts ist für das Wohlbefinden Ihres Hundes von entscheidender Bedeutung. Leider sind Überfütterung und Fettleibigkeit häufige Probleme bei Hunden, die ernsthafte gesundheitliche Probleme verursachen können. Dieser Artikel soll Ihnen dabei helfen, die Auswirkungen von Überfütterung zu verstehen und Strategien zur Erhaltung eines gesunden Gewichts Ihres Hundes zu erlernen.

Auswirkungen der Überfütterung und Fettleibigkeit

Überfütterung und Fettleibigkeit können eine Reihe von Gesundheitsproblemen bei Hunden verursachen. Dazu gehören Diabetes, Herzkrankheiten, Gelenkprobleme und eine verkürzte Lebenserwartung. Fettleibige Hunde können auch Schwierigkeiten bei körperlichen Aktivitäten haben und sind anfälliger für Hitzeunverträglichkeit und Atemprobleme.

Erkennen von Überfütterung und Fettleibigkeit

Um festzustellen, ob Ihr Hund überfüttert oder fettleibig ist, sollten Sie sowohl sein Gewicht als auch seine Körperform beachten. Ein gesunder Hund sollte eine gut definierte Taille haben und Sie sollten in der Lage sein, seine Rippen zu fühlen, aber nicht zu sehen. Wenn Sie diese Merkmale nicht erkennen können, ist Ihr Hund möglicherweise übergewichtig.

Vorbeugung und Management von Überfütterung und Fettleibigkeit

Um Überfütterung und Fettleibigkeit zu vermeiden, ist es wichtig, eine ausgewogene Ernährung und regelmäßige körperliche Aktivität sicherzustellen. Hier sind einige Strategien, die Sie anwenden können:

Fütterungsempfehlungen beachten: Die auf der Verpackung des Hundefutters angegebenen Fütterungsempfehlungen sind ein guter Ausgangspunkt, um zu bestimmen, wie viel Futter Ihr Hund täglich benötigt. Beachten Sie jedoch, dass diese Empfehlungen je nach Alter, Größe, Rasse und Aktivitätsniveau Ihres Hundes angepasst werden müssen.

Regelmäßige Mahlzeiten: Anstatt Ihrem Hund den ganzen Tag über Zugang zu Futter zu gewähren, sollten Sie feste Fütterungszeiten einplanen. Dies hilft Ihnen, die Menge an Nahrung zu kontrollieren, die Ihr Hund konsumiert, und verhindert Überfütterung.

Ausgewogene Ernährung: Stellen Sie sicher, dass das Futter Ihres Hundes eine ausgewogene Mischung aus Proteinen, Kohlenhydraten und Fetten sowie die notwendigen Vitamine und Mineralien enthält. Vermeiden Sie es, Ihrem Hund zu viele Leckereien oder Tischabfälle zu geben, da diese oft reich an Kalorien und arm an Nährstoffen sind.

Regelmäßige Bewegung: Sorgen Sie dafür, dass Ihr Hund regelmäßig körperliche Aktivität erhält. Dies kann Spaziergänge, Spiele im Park, Agility-Training oder andere Formen der Bewegung umfassen. Regelmäßige Bewegung hilft nicht nur, das Gewicht Ihres Hundes zu kontrollieren, sondern ist auch wichtig für seine allgemeine Gesundheit und sein Wohlbefinden.

Kontrollierte Leckerlies: Es ist völlig in Ordnung, Ihrem Hund gelegentlich ein Leckerli zu geben, aber es ist wichtig, dabei Maß zu halten. Leckerlies sollten nicht mehr als 10% der täglichen Kalorienaufnahme Ihres Hundes ausmachen. Achten Sie außerdem darauf, kalorienarme und gesunde Leckerlies zu wählen.

Regelmäßige Gewichtskontrollen: Es ist empfehlenswert, das Gewicht Ihres Hundes regelmäßig zu kontrollieren, um frühzeitig Anzeichen einer Gewichtszunahme zu erkennen. Falls Sie eine stetige Gewichtszunahme feststellen, sollten Sie sich an Ihren Tierarzt wenden, um die Ursachen zu ermitteln und einen Plan zur Gewichtsreduktion zu erstellen.

Spezielle Ernährungsbedürfnisse bei Hunden: Informationen zur Ernährung bei gesundheitlichen Problemen

Hunde, ähnlich wie Menschen, können unter gesundheitlichen Bedingungen leiden, die spezielle diätetische Anforderungen erfordern. Dieser Artikel gibt einen Überblick über einige gängige Gesundheitsprobleme bei Hunden, die eine spezielle Ernährung erfordern, einschließlich Allergien, Diabetes, Herzkrankheiten und Nierenproblemen.

Allergien

Einige Hunde können allergisch oder intolerant gegen bestimmte Arten von Nahrungsmitteln sein. Die häufigsten Allergene sind Rind, Huhn, Weizen, Mais, Soja, Milch und Eier. Symptome einer Nahrungsmittelallergie können Hautausschläge, Juckreiz, Verdauungsprobleme und mehr umfassen. Bei Verdacht auf eine Nahrungsmittelallergie sollte ein Tierarzt konsultiert werden, der eine Ausschlussdiät empfehlen kann, um das Allergen zu identifizieren. Danach sollte eine hypoallergene Ernährung eingeführt werden, die das Allergen ausschließt.

Diabetes

Diabetes mellitus ist eine häufige Erkrankung bei Hunden, die eine Anpassung der Ernährung erfordert. Eine ausgewogene, niedrig glykämische Ernährung, die reich an komplexen Kohlenhydraten und Ballaststoffen ist, kann helfen, den Blutzuckerspiegel zu regulieren und Gewichtsmanagement zu fördern.
Es ist wichtig, dass die Fütterungszeiten und -mengen konsistent bleiben, um

einen stabilen Blutzuckerspiegel zu gewährleisten.

Herzerkrankungen

Bei Hunden mit Herzerkrankungen kann eine spezielle Ernährung helfen, die Belastung des Herzens zu verringern. Diese Ernährungen sind oft niedrig in Natrium, um Flüssigkeitsansammlungen zu reduzieren, und reich an Omega-3-Fettsäuren, um Entzündungen zu bekämpfen. Sie können auch eine moderat eingeschränkte Proteinmenge, aber aus hochwertigen Quellen enthalten.

Nierenprobleme

Hunde mit Nierenerkrankungen benötigen eine spezielle Ernährung, die dazu beiträgt, die Belastung der Nieren zu reduzieren. Diese Ernährungen sind typischerweise niedrig in Phosphor und Protein, aber das enthaltene Protein ist von hoher Qualität. Sie können auch erhöhte Mengen an Omega-3-Fettsäuren enthalten, die entzündungshemmende Eigenschaften haben.

Leckerlis und Belohnungen bei Hunden: Ihre Rolle in Ernährung und Training

Leckerlis und Belohnungen spielen eine wichtige Rolle in der Ernährung und im Training von Hunden. Sie können als Anreiz für gutes Verhalten dienen und helfen, das Training effektiver zu machen. Jedoch sollten sie verantwortungsbewusst verwendet werden, um Überfütterung und Ernährungsungleichgewichte zu vermeiden. Dieser Artikel wird die Rolle von Leckerlis in der Ernährung und im Training eines Hundes diskutieren und wie sie richtig verwendet werden sollten.

Die Rolle von Leckerlis in der Ernährung eines Hundes

Leckerlis können eine wertvolle Ergänzung zur Ernährung eines Hundes sein, solange sie in Maßen gegeben werden. Sie können zusätzliche Nährstoffe liefern und dazu beitragen, die Nahrungsaufnahme angenehmer zu gestalten. Es ist jedoch wichtig zu beachten, dass Leckerlis nicht die Hauptnahrungsquelle eines Hundes sein sollten. Sie sollten nicht mehr als 10% der täglichen Kalorienaufnahme eines Hundes ausmachen, da sie sonst zu Gewichtszunahme und Ernährungsungleichgewichten führen können.

Die Rolle von Leckerlis im Training eines Hundes

Im Training können Leckerlis als positive Verstärkung verwendet werden, um gutes Verhalten zu belohnen. Sie können dazu beitragen, das Lernen zu beschleunigen und das Training angenehmer zu gestalten. Es ist jedoch wichtig, sie klug zu verwenden und nicht jedes geringste gute Verhalten mit einem Leckerli zu belohnen, um eine Abhängigkeit zu vermeiden.

Richtiger Einsatz von Leckerlis

Hier sind einige Tipps für den richtigen Einsatz von Leckerlis:

Wählen Sie gesunde Leckerlis: Viele kommerzielle Leckerlis sind reich an Fett und Zucker und können zu Gewichtszunahme und gesundheitlichen Problemen führen. Wählen Sie stattdessen gesunde Optionen wie Obst- und Gemüsestücke, mageres Fleisch oder speziell zubereitete Hunde-Leckerlis, die reich an Proteinen und Ballaststoffen sind.

Verwenden Sie kleine Portionen: Bei der Verwendung von Leckerlis im Training ist es oft effektiver, kleine Portionen zu verwenden. Kleine Leckerlis sind weniger wahrscheinlich, Gewichtszunahme zu verursachen, und Ihr Hund wird wahrscheinlich ebenso erfreut sein, ein kleines Leckerli zu erhalten, wie ein großes.

Variieren Sie die Leckerlis: Variieren Sie die Art der Leckerlis, die Sie Ihrem Hund geben, um ihn zu motivieren und ihm eine Vielfalt von Geschmacksrichtungen und Nährstoffen zu bieten.

Integrieren Sie Leckerlis in das Training (Fortsetzung): Vermeiden Sie es, Leckerlis als Bestechung zu verwenden, da dies dazu führen kann, dass Ihr Hund nur dann gehorcht, wenn er eine Belohnung erwartet. Es ist wichtig, dass Ihr Hund lernt, auf Ihre Anweisungen zu hören, auch wenn kein Leckerli in Aussicht ist.

Die Rolle von Leckerlis bei speziellen Ernährungen

Falls Ihr Hund eine spezielle Ernährung aufgrund von gesundheitlichen Bedingungen oder Gewichtsmanagement einhalten muss, ist es besonders wichtig, geeignete Leckerlis zu wählen. Es gibt eine Reihe von Leckerlis auf dem Markt, die speziell für Hunde mit bestimmten Gesundheitszuständen, wie Diabetes oder Nierenerkrankungen, formuliert sind. Es ist wichtig, dass die Leckerlis, die Sie auswählen, die speziellen diätetischen Anforderungen Ihres Hundes erfüllen und nicht seine Gesundheit gefährden.

Lecker!

Gefährliche Lebensmittel für Hunde: Was Sie vermeiden sollten

Es ist verlockend, Ihren Hund mit Leckereien von Ihrem eigenen Teller zu verwöhnen, aber viele gängige Lebensmittel und Substanzen, die für Menschen sicher sind, können für Hunde giftig sein. Diese Lebensmittel können schwere gesundheitliche Probleme verursachen und in einigen Fällen sogar tödlich sein.

Schokolade und Kaffee

Schokolade und Kaffee enthalten Substanzen namens Methylxanthine (speziell Theobromin in Schokolade und Koffein in Kaffee), die für Hunde toxisch sind. In ausreichenden Mengen können sie Erbrechen, Durchfall, übermäßigen

Durst und Harnabsatz, Hyperaktivität, abnormalen Herzrhythmus, Krämpfe und sogar den Tod verursachen. Dunkle Schokolade, Backschokolade und Kakaopulver sind besonders gefährlich, da sie höhere Mengen an Theobromin enthalten.

Zwiebeln und Knoblauch

Zwiebeln und Knoblauch, sowohl roh als auch gekocht, sind für Hunde toxisch. Sie enthalten Schwefelverbindungen, die die roten Blutkörperchen von Hunden schädigen können, was zu Anämie führen kann. Symptome können Schwäche, Apathie, blassrosa bis gelbliche Schleimhäute, beschleunigte Atmung und erhöhter Herzschlag sein.

Trauben und Rosinen

Die genaue Ursache ist noch unbekannt, aber der Verzehr von Trauben und Rosinen wurde mit akutem Nierenversagen bei Hunden in Verbindung gebracht. Auch kleine Mengen können giftig sein. Symptome können Erbrechen, Durchfall, Appetitlosigkeit und Lethargie umfassen.

Alkohol

Alkoholische Getränke und Lebensmittel, die Alkohol enthalten, können für Hunde toxisch sein. Alkohol kann das zentrale Nervensystem, das Herz und die Atmungsrate eines Hundes beeinträchtigen. Symptome können Erbrechen, Atembeschwerden, Koordinationsprobleme, Bewusstseinsveränderungen, Krämpfe und sogar den Tod umfassen.

Andere gefährliche Lebensmittel

Einige andere Lebensmittel, die für Hunde gefährlich sein können, umfassen Avocados, Macadamianüsse, Hefe, Xylitol (ein Süßstoff, der oft in zuckerfreien Lebensmitteln gefunden wird), und Obstkerne und -kerne, die Cyanid enthalten können, wie Apfelkerne, Pfirsich-, Pflaumen- und Kirschkerne.

Häufig gestellte Fragen zur Hundeernährung

1. Wie oft sollte ich meinen Hund füttern?

Die Häufigkeit der Fütterung kann je nach Alter, Rasse und Gesundheitszustand des Hundes variieren. Allgemein gilt jedoch, dass Welpen drei bis vier

Mal am Tag gefüttert werden sollten, während ausgewachsene Hunde in der Regel ein bis zwei Mal am Tag gefüttert werden. Ältere Hunde können auch von kleineren, häufigeren Mahlzeiten profitieren.

2. Wie viel Futter sollte ich meinem Hund geben?

Die Menge des Futters hängt von vielen Faktoren ab, einschließlich der Größe, des Alters, der Rasse, des Aktivitätsniveaus und des Gesundheitszustandes des Hundes. In der Regel finden Sie auf der Verpackung des Hundefutters Fütterungsempfehlungen basierend auf dem Gewicht des Hundes. Es ist immer ratsam, den Rat Ihres Tierarztes einzuholen, um sicherzustellen, dass Ihr Hund die richtige Menge an Futter erhält.

3. Ist es in Ordnung, meinem Hund menschliches Essen zu geben?

Während einige menschliche Lebensmittel sicher für Hunde sind, können andere giftig sein. Es ist am besten, Ihrem Hund keine menschlichen Lebensmittel zu geben, es sei denn, Sie haben vorher recherchiert oder Ihren Tierarzt gefragt. Selbst dann sollten menschliche Lebensmittel nur gelegentlich als Leckerli und nicht als Ersatz für ein ausgewogenes Hundefutter gegeben werden.

4. Was soll ich tun, wenn mein Hund übergewichtig ist?

Wenn Ihr Hund übergewichtig ist, ist es wichtig, seine Kalorienaufnahme zu reduzieren und seine körperliche Aktivität zu erhöhen. Sie sollten auch mit Ihrem Tierarzt sprechen, um sicherzustellen, dass es keine zugrunde liegenden Gesundheitsprobleme gibt, die zum Gewichtsproblem beitragen könnten. Es gibt spezielle Ernährungfutter für Hunde, die dabei helfen können, das Gewicht zu reduzieren und gleichzeitig sicherzustellen, dass Ihr Hund alle notwendigen Nährstoffe erhält.

5. Ist Trockenfutter oder Nassfutter besser für meinen Hund?

Sowohl Trocken- als auch Nassfutter haben ihre Vor- und Nachteile. Trockenfutter ist bequem und kann dazu beitragen, die Zähne sauber zu halten, während Nassfutter hydratisierend ist und oft schmackhafter für Hunde ist. Die beste Wahl hängt von den spezifischen Bedürfnissen und Vorlieben Ihres Hundes ab. Manche Hundebesitzer entscheiden sich auch für eine Kombination aus beidem.

6. Gibt es bestimmte Lebensmittel, die ich vermeiden sollte?

Ja, es gibt bestimmte Lebensmittel, die für Hunde toxisch sein können, darunter Schokolade, Zwiebeln, Knoblauch, Trauben, Rosinen, Alkohol, Macadamianüsse und bestimmte Süßstoffe wie Xylitol. Wenn Ihr Hund eines dieser Lebensmittel gefressen hat, sollten Sie sofort einen Tierarzt aufsuchen.

7. Ist es gut, meinem Hund eine vegetarische oder vegane Ernährung zu geben?

Hunde sind omnivore Tiere, was bedeutet, dass sie sowohl pflanzliche als auch tierische Nahrung zu sich nehmen können. Allerdings sind sie evolutionär darauf ausgerichtet, ein gewisses Maß an tierischen Produkten in ihrer Nahrung zu haben. Eine vegetarische oder vegane Ernährung kann für Hunde schwieriger zu managen sein und erfordert eine sorgfältige Planung, um sicherzustellen, dass sie alle notwendigen Nährstoffe erhalten. Wenn Sie eine solche Ernährung in Erwägung ziehen, sollten Sie dies unbedingt mit einem Tierarzt oder einem Ernährungsberater für Tiere besprechen.

8. Wie erkenne ich, ob mein Hund eine Nahrungsmittelallergie hat?

Nahrungsmittelallergien bei Hunden können eine Vielzahl von Symptomen hervorrufen, einschließlich Juckreiz, Hautausschlägen, Magen-Darm-Problemen und mehr. Wenn Sie vermuten, dass Ihr Hund eine Nahrungsmittelallergie hat, sollten Sie einen Tierarzt aufsuchen. Er kann Tests durchführen und gegebenenfalls eine Ausschlussdiät vorschlagen, um zu bestimmen, auf welche Inhaltsstoffe Ihr Hund allergisch reagiert.

9. Sind rohe Ernährungen gut für meinen Hund?

Rohe Ernährungen, oft als BARF (Biologisch Artgerechtes Rohes Futter) bezeichnet, sind umstritten. Befürworter argumentieren, dass sie gesünder und natürlicher für den Hund sind. Kritiker weisen jedoch darauf hin, dass rohe Ernährungen das Risiko einer bakteriellen Kontamination erhöhen können und dass sie, wenn sie nicht richtig ausgeführt werden, zu Nährstoffungleichgewichten führen können. Wenn Sie eine rohe Ernährung für Ihren Hund in Erwägung ziehen, sollten Sie dies mit Ihrem Tierarzt oder einem Tierernährungsberater besprechen.

10. Wie kann ich die Qualität des Hundefutters beurteilen?

Um die Qualität des Hundefutters zu beurteilen, können Sie zunächst die Zutatenliste und die Nährstoffinformationen auf dem Etikett überprüfen. Qualitativ hochwertiges Hundefutter sollte eine identifizierbare Fleischquelle als Hauptzutat haben und wenig bis keine Füllstoffe wie Mais oder Weizen enthalten. Sie können auch nach AAFCO (Association of American Feed Control Officials) Zertifizierungen suchen, die darauf hinweisen, dass das Futter den Nährstoffstandards entspricht. Online-Bewertungen und die Beratung durch einen Tierarzt können ebenfalls hilfreich sein.

Die Hersteller sind auf den Zug aufgesprungen!

Den Futtermittelproduzenten ist nicht entgangen, dass wir Hundehalter inzwischen großen Wert auf die **richtige** Ernährung unserer Tiere legen. Wir möchten, dass die jeweilige Packung genau das enthält, was unsere Hunde an Energie und Nährstoffen benötigen. Die Industrie weiß aber auch, dass viele von uns sich dabei schwer tun, die richtige Zusammenstellung zu erarbeiten.

Und da kommen die Marketing-Experten ins Spiel: sie haben Tools entwickelt, mit denen wir online ganz bequem zumindest ausrechnen können, wieviel Energie unser Hund so benötigt. Dazu geben wir ein paar Informationen über unser Tier am Bildschirm ein und schon rattert die Werbemühle: bei einem Anbieter wird sogar der Name meines Hundes abgefragt, damit auf der Folgeseite dann werbewirksam genau dieser Name auf der scheinbar fertig gemixten Futtertüte steht. Das Futter ist ja echt für meinen Bello gemacht, denkt so mancher dann. Aber stimmt das?

Ich habe den (nicht repräsentativen) Selbstversuch gemacht und die Daten zu meinen Hund auf verschiedenen Anbieterseiten exemplarisch eingegeben und fest damit gerechnet, nahezu identische Ergebnisse zu erzielen.

Das Resultat: ernüchternd! Für mein Tier wurden Werte zwischen 1272 und 1886 kcal ausgegeben, wobei ich bei einem Anbieter den Wert erst aus den dort angegebenen MJ* errechnen musste. Die Spanne: erschreckend! Interessant: Alle Empfehlungen lagen über dem, was eine vertrauenswürdige Tierärztliche Ernährungsberatung, die selbst kein Alleinfutter verkauft, empfiehlt.

Mehr Futter = Mehr Umsatz?!
Die Grafik unten zeigt die unfassbaren Abweichungen.
Bitte zieh` deine eigenen Schlüsse daraus...

*MJ = Megajoule

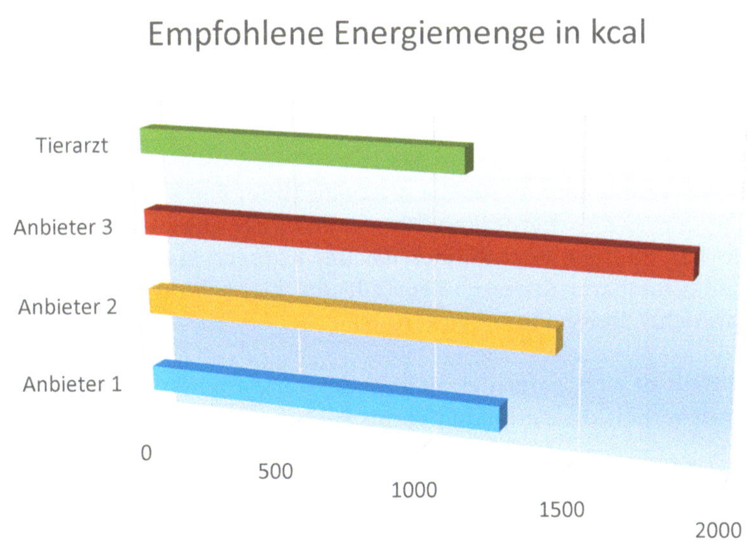

Zu dünn, zu dick oder perfekt in Form?

Auch zu diesem Thema gibt es für Sie offizielle Hilfe: den sogenannten Körperkonditionswert (KKI = Körperkonditionsindex), der angibt ob ein Hund Idealgewicht hat, zu dünn oder zu dick ist. Der Körperzustand wird anhand optischer und ertastbarer Kriterien beurteilt und Ziel sollte immer sein, das sog. „Idealgewicht" Ihres Hundes zu erreichen.

Denn damit fühlt er sich, sofern er nicht anders erkrankt ist, wohl und agil und hat mit sicherheit die optimalen Voraussetzungen für ein fröhliches, erfülltes Leben.

Also los, checken wir mal, wie es bei Ihrem Hund aussieht!

Sehr dünn

Rippen: leicht zu ertasten, keine Fettschicht darüber
Schwanzansatz: Hervorstehende Knochen, kein Gewebe zwischen Haut und Knochen
Seitenansicht: Die Flanken sind stark eingefallen
Ansicht von oben: Ausgeprägte Form einer Sanduhr

Untergewicht

Rippen: leicht zu ertasten, keine Fettschicht darüber
Schwanzansatz: Hervorstehende Knochen, minimale Gewebeschicht zwischen Haut und Knochen
Seitenansicht: Die Flanken sind eingefallen
Ansicht von oben: Sichtbare Form einer Sanduhr

Idealgewicht

Rippen: leicht zu ertasten, leicht dünne Fettschicht
Schwanzansatz: Glatte Kontur, Knochen können aber unter dünner Fettschicht gefühlt werden
Seitenansicht: Die Flanken sind leicht eingefallen
Ansicht von oben: Gut proportionierte Taille

Übergewicht

Rippen: schwer zu ertasten, mäßige Fettschicht darüber
Schwanzansatz: Gewisse Verdickung, Knochen sind aber unter mäßiger Fettschicht ertastbar
Seitenansicht: Keine Flankengrube oder Taille
Ansicht von oben: Rücken ist leicht verbreitert

Fettsucht

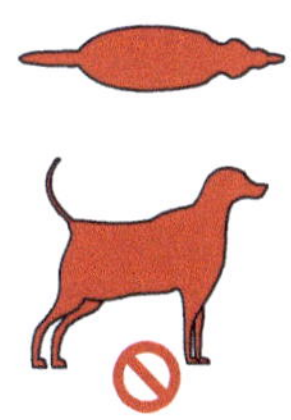

Rippen: schwer zu ertasten, dicke Fettschicht darüber
Schwanzansatz: Verdickt und unter dicker Fettschicht schwer zu ertasten
Seitenansicht: Fett hängt vom Bauch herab, keine Taille zu erkennen
Ansicht von oben: Der Rücken ist leicht verbreitert

Gut investiertes Geld!

Haben Sie sich jemals gefragt, wie Sie Ihrem vierbeinigen Freund noch besser unterstützen können? Nein, es geht hier nicht um zusätzliche Streicheleinheiten oder modische Hundekleidung. Es geht um etwas, das das Wohlbefinden Ihres Hundes auf ein neues Niveau heben kann: Professionelle Ernährungsberatung für Hunde. Genau so ist es. Bevor Sie nun denken: „Soll ich dafür auch noch 100 bis 200 Euro ausgeben?“, lassen Sie mich erklären, warum dies die beste Investition sein könnte, die Sie für Ihren Liebling tätigen könnten.

Denken Sie einmal darüber nach, wie oft Sie Ihren Hund schon mit einem bestimmten Leckerli bestochen haben, damit er den Ball holt oder aufhört, Ihre neuen Schuhe anzunagen. Und wie oft haben Sie ihm einfach das gegeben, was auf der Rückseite der Verpackung steht, ohne wirklich zu wissen, ob das gut für ihn ist? Möglicherweise häufiger, als Sie zugeben möchten. Hier kommt die professionelle Ernährungsberatung ins Spiel.

Ein Ernährungsberater ist vergleichbar mit einem persönlichen Koch, Arzt* und Trainer in einem. Dieser Fachmann analysiert genau, was Ihr Hund benötigt, basierend auf Rasse, Alter, Gewicht, Aktivitätsniveau und Gesundheitszustand. Anschließend erstellt der Berater einen individuellen Ernährungsplan, der sicherstellt, dass Ihr Hund alle notwendigen Nährstoffe erhält und nichts, was ihm schaden könnte.

Sie fragen sich vielleicht: „Warum sollte ich dafür Geld ausgeben?" Denken Sie daran, wie viel Sie schon für Tierarztrechnungen ausgegeben haben, weil Ihr Hund Durchfall hatte oder sich unwohl gefühlt hat? Wie oft haben Sie sich Sorgen gemacht, ob er wirklich gesund ist? Mit einer professionellen Ernährungsberatung können Sie viele dieser Probleme vermeiden. Denn ein gut ernährter Hund ist auch ein gesunder und glücklicher Hund. Das ist doch unbezahlbar, oder?

Darüber hinaus sind 100 bis 200 Euro im Vergleich zu dem, was man dafür erhält, nicht wirklich viel. Sie geben wahrscheinlich mehr für Hundespielzeug aus, das Ihr Liebling in Sekundenschnelle zerstört. Warum also nicht in etwas investieren, das nachhaltiger ist und Ihrem Hund tatsächlich hilft?

In diesem Sinne ist eine professionelle Ernährungsberatung für Ihren Hund nicht nur eine gute Idee, sondern eine großartige Investition. Sie unterstützt Sie dabei, Ihrem Hund das bestmögliche Leben zu ermöglichen und ihn vor Gesundheitsproblemen zu schützen. Und das Beste daran? Sie können sich sicher sein, dass Sie alles richtig machen. Denn Sie haben einen Fachmann an Ihrer Seite, der Sie unterstützt. Worauf warten Sie also noch? Ihr Hund wird es Ihnen danken!

*Bitte beachten Sie, dass bei einem potenziell kranken Hund der Berater allein nicht helfen kann. Er wird einen Tierarzt zu Rate ziehen oder Sie direkt an einen solchen verweisen!

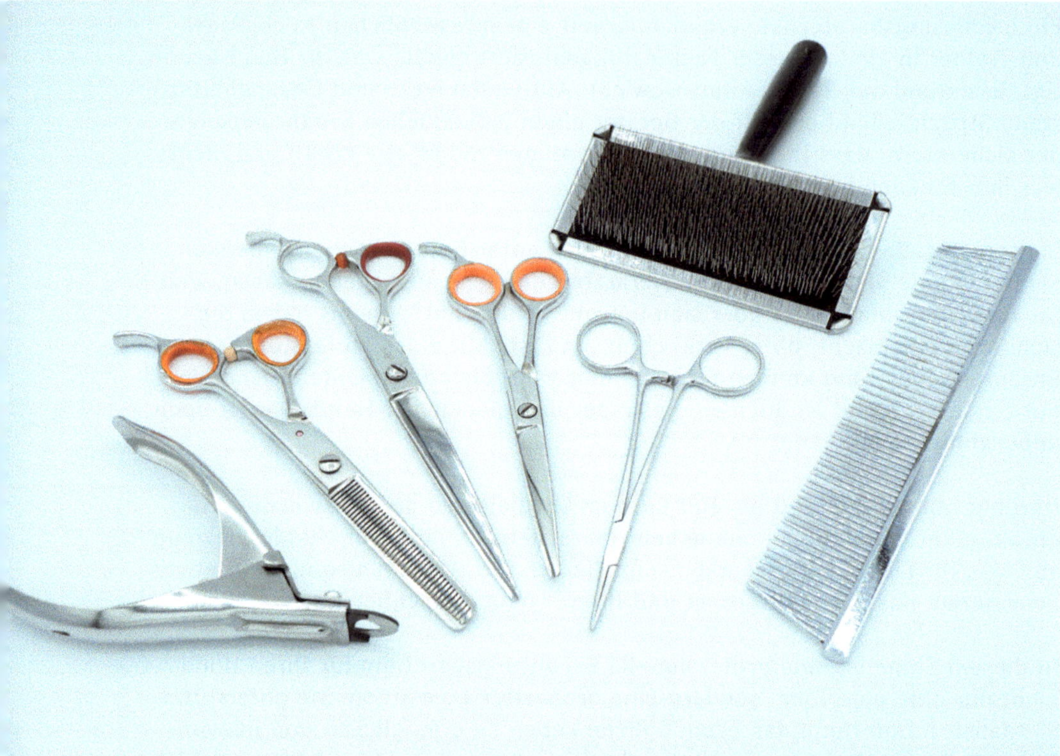

Auch sehr wichtig: die Pflege rundum

Wer sich einen Kangal ins Haus holt, entscheidet sich nicht nur für einen kraftvollen, wachsamen Begleiter mit Charakter, sondern auch für einen imposanten Hund mit robustem Äußeren.

Damit das Erscheinungsbild des Kangals nicht zum Pflegeproblem wird, lohnt es sich, frühzeitig mit einer passenden Pflegeroutine zu beginnen.

Denn die Körperpflege des Kangals umfasst mehr als nur Fell und Krallen – sie dient dem Wohlbefinden von Kopf bis Pfote und stärkt die Beziehung zwischen Mensch und Hund.

Und das Beste: Mit etwas Geduld und Verständnis wird die Pflege schnell zur vertrauten Alltagsroutine.

Das Fell – Schutzpanzer mit Pflegebedarf

Der Kangal besitzt ein kurzes bis mittellanges, dichtes Doppelfell mit wärmender Unterwolle. Es schützt ihn vor Hitze, Kälte und Verletzungen – doch auch dieses Schutzfell braucht Aufmerksamkeit.

Pflege-Tipps:

Wöchentliches Bürsten entfernt lose Haare und verhindert Verfilzungen, besonders während des Fellwechsels.
Nutzen Sie eine Zupfbürste oder einen Kamm mit stabilen Zinken.
Baden nur, wenn es wirklich notwendig ist. Einmal pro Saison reicht oft aus.
Verwenden Sie dabei ein mildes Hundeshampoo.

Tipp: Gewöhnen Sie Ihren Kangal frühzeitig an die Pflege – mit ruhigem Tonfall, kleinen Belohnungen und klaren Ritualen.

Ohrenpflege – gut hinhören lohnt sich

Die mittelgroßen, hängenden Ohren des Kangals können Schmutz oder Feuchtigkeit sammeln, was zu Entzündungen führen kann.

Pflege-Tipps:
Wöchentliche Sichtkontrolle auf Geruch, Rötungen oder Schmutz.
Reinigung mit einem weichen Tuch oder Ohrreiniger vom Tierarzt.
Keine Wattestäbchen verwenden – Verletzungsgefahr!

Augenpflege – der Blick sagt viel

Kangals haben einen wachen, prüfenden Blick. Tränenreste oder Staub sollten regelmäßig entfernt werden.

Pflege-Tipp:
Weiches, fusselfreies Tuch mit lauwarmem Wasser verwenden.
Bei Entzündung oder stärkerem Tränenfluss bitte den Tierarzt konsultieren.

Pfotenpflege – stark im Tritt

Ob auf Fels, Wiese oder Asphalt – die Pfoten Ihres Kangals leisten viel.
Pflege-Tipps:
Kontrolle auf Risse, Fremdkörper oder Verfilzungen zwischen den Zehen.

Fell zwischen den Ballen ggf. mit abgerundeter Schere kürzen.
Im Winter Pfotenfett gegen Streusalz verwenden.
Nach jedem Spaziergang: kurze Sichtkontrolle.

Zahnpflege – fürs gesunde Gebiss

Auch bei robusten Hunden wie dem Kangal ist Zahnhygiene wichtig.

Pflege-Tipps:
An Zahnbürste und Hundezahnpasta langsam gewöhnen.
Alternativ: Zahngel, spezielle Kauartikel oder Kaustangen.
Regelmäßige Kontrolle auf Zahnstein und Geruch.

Krallenpflege – nicht nur Nebensache

Kangals, die viel auf Naturboden laufen, nutzen ihre Krallen meist gut ab. Dennoch gilt:

Pflege-Tipps:
Regelmäßige Längenkontrolle.
Bei Bedarf vorsichtig mit Krallenzange kürzen oder vom Fachmann erledigen lassen.
Besonders auf die Afterkralle achten.

Pflege ist Vertrauensarbeit

Die Pflege des Kangals ist keine kosmetische Nebensache – sie ist Teil Ihrer gemeinsamen Beziehung.

Wer regelmäßig pflegt, entdeckt frühzeitig Veränderungen, stärkt die Bindung und vermittelt Sicherheit.

Der Pflegeaufwand ist überschaubar, aber regelmäßig.

Mit Struktur, Geduld und einem klaren Ablauf wird daraus ein wertvoller Bestandteil des Zusammenlebens.

Ein gepflegter Kangal ist nicht nur schöner anzusehen, sondern auch gesünder, entspannter – und dem Menschen noch enger verbunden.

Zähne putzen? Ja klar!

„Ein Hund ist das einzige Wesen auf Erden, das dich mehr liebt, als er sich selbst liebt.“ - Josh Billings

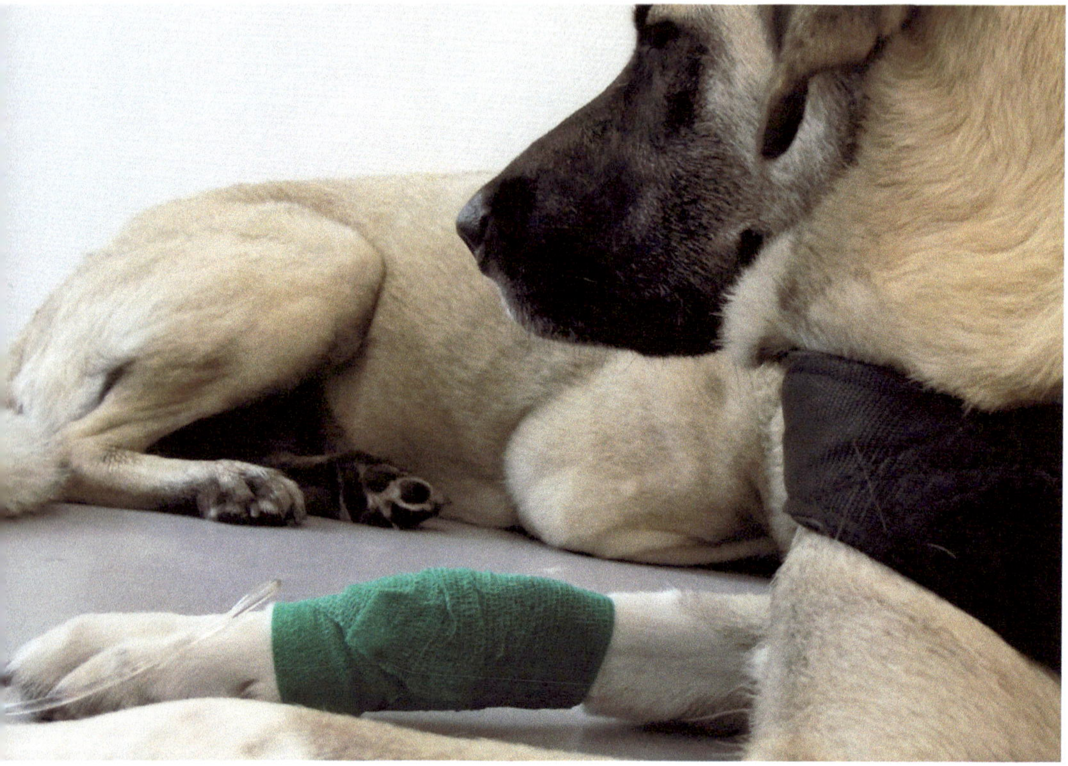

Noch ein Wichtiges Thema: Gesundheit

Die häufigsten Hundekrankheiten richtig erkennen und handeln.

Wie bei uns Menschen können auch unsere treuen Vierbeiner von verschiedenen Krankheiten betroffen sein. Einige können gut behandelt werden, während andere nur begrenzt oder gar nicht behandelbar sind.

In solchen Situationen ist es wichtig, Ihrem Hund zu helfen, mit der Krankheit zu leben. In diesem Kapitel erfahren Sie mehr über die gängigsten Hundekrankheiten, wie Sie ihre Symptome erkennen können und welche Maßnahmen Sie ergreifen können, um Ihrem Hund zu helfen.

Zwingerhusten: Symptome und Behandlungsmöglichkeiten

Zwingerhusten, auch als infektiöse Tracheobronchitis bekannt, ist eine weit verbreitete Atemwegserkrankung bei Hunden. Der Name „Zwingerhusten" stammt daher, dass die Krankheit häufig in Umgebungen auftritt, in denen viele Hunde zusammenleben, wie zum Beispiel in Tierheimen oder Hundezwingern. Es ist eine hoch ansteckende Erkrankung, die durch verschiedene Viren und Bakterien, darunter das Canine Parainfluenzavirus und Bordetella bronchiseptica, verursacht wird.

Symptome von Zwingerhusten

Die Symptome von Zwingerhusten sind in erster Linie Atemwegssymptome und können in der Schwere variieren. Typischerweise zeigen sich folgende Anzeichen:

Husten: Der auffälligste und markanteste Hinweis auf Zwingerhusten ist ein trockener, starker Husten. Dieser Husten kann so intensiv sein, dass er oft mit einem Würgen oder Erbrechen endet.

Nasenausfluss: Bei einigen Hunden kann ein klarer oder eitriger Nasenausfluss auftreten.

Fieber: In einigen Fällen kann es zu leichtem Fieber kommen.

Appetitlosigkeit und Lethargie: Einige Hunde können ihren Appetit verlieren und scheinen insgesamt weniger aktiv oder energiegeladen zu sein.

Atemnot: In schweren Fällen kann Zwingerhusten zu Atemnot führen.

Es ist wichtig zu beachten, dass einige Hunde, die mit den Erregern von Zwingerhusten infiziert sind, nur geringe oder gar keine Symptome zeigen können. Solche Hunde können jedoch immer noch die Krankheitserreger auf andere Hunde übertragen.

Behandlung von Zwingerhusten

Die Behandlung von Zwingerhusten konzentriert sich in erster Linie auf die Linderung der Symptome und die Unterstützung des Immunsystems des Hundes, um die Infektion zu bekämpfen.

In vielen milden Fällen erfordert Zwingerhusten keine spezifische medizinische Behandlung und kann sich innerhalb von ein bis zwei Wochen von selbst lösen. Es ist jedoch wichtig, dass der Hund während dieser Zeit ausreichend Ruhe bekommt und gut hydratisiert bleibt.

Bei stärkeren Symptomen kann der Tierarzt eine Reihe von Behandlungen verschreiben, darunter Hustenmittel, Antibiotika (um bakterielle Infektionen zu behandeln), und in einigen Fällen Bronchodilatatoren oder Steroide.

Prävention von Zwingerhusten

Die effektivste Methode zur Vorbeugung von Zwingerhusten ist die Impfung. Es gibt sowohl intranasale als auch injizierbare Impfstoffe, die gegen die gängigsten Erreger von Zwingerhusten schützen. Während die Impfung keinen 100%igen Schutz bietet, kann sie dazu beitragen, dass die Krankheit bei einem infizierten Hund milder verläuft.

Räude: Symptome und Therapieoptionen

Räude ist eine Hautkrankheit bei Hunden, die durch winzige Milben verursacht wird. Diese Parasiten graben sich in die Haut des Tieres ein und lösen starke Entzündungsreaktionen aus. Es gibt verschiedene Arten von Räudemilben, die jeweils unterschiedliche Formen von Räude verursachen, darunter die Sarcoptes-Räude (auch bekannt als Scabies) und die Demodikose. Beide Formen können je nach Stadium und Schweregrad verschiedene Symptome verursachen und erfordern eine spezifische Behandlung.

Symptome der Räude

Juckreiz: Dies ist das auffälligste Symptom bei der Räude. Hunde mit Räude kratzen, beißen und lecken sich häufig an den betroffenen Stellen, was oft zu Wunden und Hautentzündungen führt.

Haarausfall und Hautveränderungen: Bei Räude tritt oft ein verstärkter Haarausfall auf, insbesondere an den Ohren, Ellenbogen und am Bauch. Die Haut kann gerötet, verdickt und schuppig sein und einen unangenehmen Geruch entwickeln.

Sekundärinfektionen: Die ständige Reizung und das Kratzen können zu sekundären Hautinfektionen führen, die zu einer Verschlimmerung der Symptome führen können.

Behandlung der Räude

Die Behandlung der Räude konzentriert sich auf die Beseitigung der Milben und die Linderung der Symptome. Dies geschieht in der Regel durch die Anwendung von speziellen Medikamenten, die entweder oral, topisch (direkt auf die Haut) oder durch Injektion verabreicht werden. Einige dieser Medikamente töten die Milben direkt ab, während andere das Immunsystem des Hundes stärken, um die Milben zu bekämpfen. Je nach Art und Schweregrad der Räude kann die Behandlung mehrere Wochen bis Monate dauern.

Zusätzlich zur direkten Behandlung der Räude kann es notwendig sein, sekundäre Hautinfektionen mit Antibiotika oder antimykotischen Medikamenten zu behandeln. Zur Linderung des Juckreizes können entzündungshemmende Medikamente verabreicht werden.

Prävention von Räude

Die Vorbeugung gegen Räude beinhaltet in erster Linie die Vermeidung des Kontakts mit infizierten Tieren, da einige Formen von Räude (wie die Sarcoptes-Räude) hochgradig ansteckend sind. Regelmäßige Parasitenkontrollen, einschließlich der Anwendung von Floh- und Zeckenpräparaten, können ebenfalls helfen, Räude zu verhindern.

Wichtig ist auch, dass die Behandlung von Räude unter tierärztlicher Aufsicht erfolgen sollte, da eine falsche oder unzureichende Behandlung zu einer Verschlimmerung der Symptome und zu einer chronischen Erkrankung führen kann.

Magendrehung: Symptome und Behandlungsoptionen

Die Magendrehung, medizinisch als „Gastrische Dilatation-Volvulus" (GDV) bezeichnet, ist eine ernste und lebensbedrohliche Erkrankung, die bei Hunden auftreten kann. Diese tritt auf, wenn sich der Magen des Hundes aufbläht und dann um seine Achse dreht, wodurch der Magenausgang und die Rückkehr des Blutes zum Herzen blockiert werden. Ohne sofortige tierärztliche Behandlung kann diese Situation innerhalb weniger Stunden tödlich sein. Bestimmte Rassen, wie der Deutsche Schäferhund, die Dogge oder der Bernhardiner, sind aufgrund ihrer tiefen und breiten Brustkorbstruktur besonders gefährdet.

Symptome einer Magendrehung

Aufgeblähter Bauch: Eines der ersten Anzeichen einer Magendrehung ist ein stark vergrößerter und harter Bauch.

Unruhe und Unwohlsein: Hunde mit einer Magendrehung sind oft sehr unruhig und können Zeichen von Unwohlsein und Schmerzen zeigen, einschließlich Hecheln, Speicheln, Versuchen zu erbrechen (ohne Erfolg), und allgemeiner Schwäche.

Atembeschwerden: Da der aufgeblähte Magen gegen das Zwerchfell drückt, kann es zu Atemproblemen kommen, die sich in schneller und flacher Atmung äußern.

Schock: Bei fortgeschrittener GDV kann der Hund in einen Schockzustand geraten, der durch blasse Schleimhäute, schnellen Herzschlag, kalte Extremitäten und letztendlich Bewusstlosigkeit gekennzeichnet ist.

Behandlung der Magendrehung

Eine Magendrehung ist immer ein Notfall, der sofortige tierärztliche Hilfe erfordert. Die Behandlung besteht in der Regel aus zwei Phasen:

Stabilisierung: Zunächst wird versucht, den Zustand des Hundes zu stabilisieren, was die Gabe von intravenösen Flüssigkeiten und Medikamenten zur Schockbekämpfung beinhaltet. Manchmal wird auch ein Schlauch durch die Speiseröhre eingeführt, um Luft und Flüssigkeiten aus dem Magen zu entlassen und den Druck zu mindern.

Chirurgischer Eingriff: Sobald der Hund stabil ist, wird eine Operation durchgeführt, um den Magen zu entdrehen und in seine normale Position zu bringen. In vielen Fällen wird der Magen chirurgisch fixiert, um zukünftige Drehungen zu verhindern.

Prävention von Magendrehungen

Die Vorbeugung von Magendrehungen beinhaltet vor allem das Management der Fütterungsgewohnheiten. Es wird empfohlen, kleinere Mahlzeiten über den Tag verteilt zu füttern statt einer großen Mahlzeit, und körperliche Aktivität für mindestens eine Stunde nach dem Fressen zu vermeiden.

Hunde, die einem hohen Risiko ausgesetzt sind, können auch von einer prophylaktischen Operation profitieren, bei der der Magen an der Bauchwand fixiert wird, um eine mögliche Drehung zu verhindern. Diese Operation wird oft als „Gastropexie“ bezeichnet und kann gleichzeitig mit der Kastration oder einem anderen Baucheingriff durchgeführt werden.

Es ist wichtig zu betonen, dass eine schnelle Erkennung und Behandlung von GDV lebensrettend sein kann. Wenn Sie also bemerken, dass Ihr Hund Anzeichen einer Magendrehung zeigt, suchen Sie sofort einen Tierarzt auf. Denken Sie daran, dass es sich um einen absoluten Notfall handelt - jede Sekunde zählt.

Parvovirose: Anzeichen und Behandlungsmöglichkeiten

Die Parvovirose ist eine äußerst ansteckende und oft tödliche Viruserkrankung, die insbesondere Welpen und nicht geimpfte Hunde betrifft. Die Krankheit wird durch das Canine Parvovirus (CPV) verursacht, das zwei Hauptformen hat: die intestinale und die kardiale. Die intestinale Form ist am weitesten verbreitet und zeichnet sich durch Symptome wie Durchfall, Erbrechen und Appetitlosigkeit aus. Die kardiale Form betrifft hauptsächlich Welpen und führt zu einer Entzündung des Herzmuskels, was oft tödlich ist.

Anzeichen und Symptome

Die Symptome der Parvovirose können je nach Form der Erkrankung variieren. Bei der intestinalen Form gehören dazu:

- Stark riechender, blutiger Durchfall
- Erbrechen
- Appetitlosigkeit
- Lethargie
- Fieber
- Dehydration

Die kardiale Form der Parvovirose kann Symptome wie Atemnot, geschwollene Gliedmaßen und plötzlichen Tod hervorrufen. Es ist wichtig zu beachten, dass Hunde, die eine Parvovirus-Infektion haben, schnell krank werden können und sofortige tierärztliche Versorgung benötigen.

Diagnose und Behandlung

Die Diagnose der Parvovirose basiert auf den klinischen Symptomen des Hundes, der Anamnese und Labortests, einschließlich eines Schnelltests auf Parvovirus im Stuhl.

Da es sich bei der Parvovirose um eine virale Erkrankung handelt, gibt es keine spezifische Heilung. Die Behandlung konzentriert sich daher auf die Linderung der Symptome und die Aufrechterhaltung der Funktionen des Körpers, während das Immunsystem den Virus bekämpft.

Die Behandlung kann folgendes beinhalten:

- Flüssigkeitstherapie zur Bekämpfung der Dehydration
- Medikamente zur Kontrolle von Erbrechen und Durchfall
- Antibiotika zur Bekämpfung sekundärer bakterieller Infektionen
- Ernährungstherapie zur Unterstützung der Genesung

Prävention

Die beste Methode zur Prävention von Parvovirose ist die Impfung. Welpen sollten in der Regel zwischen der 6. und 8. Lebenswoche ihre erste Parvovirus-Impfung erhalten und diese dann alle 3 bis 4 Wochen bis zum Alter von 16 Wochen wiederholen. Danach sollten sie alle ein bis zwei Jahre geboostert werden, abhängig von den Empfehlungen Ihres Tierarztes.

Es ist auch wichtig, nicht geimpfte oder nur teilweise geimpfte Hunde von Orten fernzuhalten, an denen sie mit dem Virus in Kontakt kommen könnten, wie öffentlichen Parks, Tierkliniken oder Orten, an denen viele Hunde zusammenkommen.

Hepatitis: Anzeichen und Behandlungsmöglichkeiten

Hundestaupe, auch bekannt als Infektiöse Canine Hepatitis (ICH), ist eine schwerwiegende und hochansteckende Viruserkrankung, die die Leber und andere Organe von Hunden betrifft. Die Krankheit wird durch das Canine Adenovirus Typ 1 (CAV-1) verursacht und kann Hunde aller Altersgruppen betreffen, obwohl Welpen und junge Hunde besonders gefährdet sind.

Anzeichen und Symptome

Die Symptome von Hepatitis bei Hunden können je nach Schweregrad der Infektion variieren. Einige Hunde können asymptomatisch sein, während andere mildere bis hin zu schweren Symptomen aufweisen können. Die Symptome können Folgendes umfassen:

- Fieber
- Appetitlosigkeit
- Lethargie

- Bauchschmerzen
- Erbrechen und Durchfall
- Gelbsucht (Gelbfärbung von Haut und Augen)
- Augenprobleme wie eine trübe oder bläuliche Hornhaut („blaue Augen“)

In schweren Fällen kann es zu inneren Blutungen, Leberversagen und plötzlichem Tod kommen.

Diagnose und Behandlung

Die Diagnose von Hepatitis basiert in der Regel auf den klinischen Symptomen des Hundes, seiner Vorgeschichte und verschiedenen Labortests, einschließlich Blutuntersuchungen und speziellen Tests zum Nachweis des Virus.

Wie bei den meisten Viruserkrankungen gibt es keine spezifische Heilung für Hepatitis. Die Behandlung konzentriert sich daher auf die Unterstützung des Körpers des Hundes, während sein Immunsystem das Virus bekämpft. Dies kann beinhalten:

- Flüssigkeitstherapie zur Bekämpfung von Dehydration
- Medikamente zur Linderung von Symptomen wie Fieber und Erbrechen
- Spezielle Ernährung zur Unterstützung der Leberfunktion
- In einigen Fällen kann eine Krankenhausaufenthalt notwendig sein, besonders bei schwerkranken Hunden

Prävention

Die beste Methode zur Vorbeugung gegen Hepatitis ist die Impfung. In der Regel wird der Impfstoff gegen Canine Adenovirus Typ 2 (CAV-2) verwendet, der auch Schutz gegen CAV-1 bietet. Welpen sollten in der Regel ihre erste Hepatitis-Impfung zwischen 6 und 8 Wochen erhalten und dann alle 3 bis 4 Wochen bis zum Alter von 16 Wochen wiederholt werden. Danach sollte die Impfung alle 1 bis 2 Jahre aufgefrischt werden, abhängig von den Empfehlungen Ihres Tierarztes.

Hüftdysplasie (HD) und Ellbogendysplasie (ED): Anzeichen und Behandlungsmöglichkeiten

Hüftdysplasie (HD) und Ellbogendysplasie (ED) sind zwei häufige orthopädische Erkrankungen bei Hunden, die beide durch eine abnormale Entwicklung der jeweiligen Gelenke gekennzeichnet sind. Diese Erkrankungen können erhebliche Schmerzen verursachen und die Mobilität des Hundes einschränken.

Hüftdysplasie (HD)

Hüftdysplasie ist eine genetische Erkrankung, bei der das Hüftgelenk abnorm entwickelt ist. Dies kann dazu führen, dass der Hüftkopf nicht richtig in die Hüftpfanne passt, was zu Schmerzen und Bewegungseinschränkungen führen kann.

Anzeichen und Symptome:

- Schwierigkeiten beim Aufstehen oder Springen
- Schmerzen in der Hüftregion
- Lahmheit oder Hinken
- Verringerte Aktivität oder Bewegung

Ellbogendysplasie (ED)

Ellbogendysplasie ist ähnlich der Hüftdysplasie, betrifft jedoch das Ellbogengelenk. Diese Erkrankung kann verschiedene Formen annehmen, darunter FCP (Fragmentierte Koronoidprozesse), OCD (Osteochondrosis Dissecans) und UAP (Ununited Anconeal Process).

Anzeichen und Symptome:

- Lahmheit oder Hinken, besonders nach dem Aufwachen oder nach körperlicher Betätigung
- Schmerzen oder Unbehagen im Bereich des Ellbogens
- Eingeschränkte Beweglichkeit des Gelenks

Behandlung

Die Behandlung von HD und ED hängt von der Schwere der Erkrankung und dem Allgemeinzustand des Hundes ab und kann sowohl konservative als auch chirurgische Methoden umfassen.

Konservative Behandlung:

Schmerzmanagement: Nichtsteroidale entzündungshemmende Medikamente (NSAIDs) können eingesetzt werden, um Schmerzen und Entzündungen zu lindern. Gewichtsmanagement: Übergewichtige Hunde haben ein höheres Risiko für HD und ED, daher ist es wichtig, dass sie ein gesundes Gewicht halten. Physiotherapie: Übungen können helfen, die Muskelmasse zu erhöhen und die Beweglichkeit zu verbessern.

Chirurgische Behandlung:

Bei schweren Fällen von HD oder ED kann eine Operation notwendig sein. Es gibt verschiedene Arten von Operationen, einschließlich Hüft- oder Ellbogenersatz, Osteotomie und Arthrodese.

Prävention

Die Vorbeugung von HD und ED kann schwierig sein, da beide Erkrankungen einen starken genetischen Faktor haben. Eine sorgfältige Zuchtplanung, die Vermeidung von Überbelastung bei jungen Hunden und das Halten eines gesunden Gewichts können jedoch dazu beitragen, das Risiko zu verringern.

Allergien: Anzeichen und Behandlungsmöglichkeiten

Allergien sind bei Hunden ein weit verbreitetes Problem und können durch eine Vielzahl von Substanzen ausgelöst werden, darunter Pollen, Schimmelpilze, Hausstaubmilben, bestimmte Lebensmittel und Flohspeichel. Bei einer Allergie reagiert das Immunsystem des Hundes überempfindlich auf eine ansonsten harmlose Substanz, die als Allergen bezeichnet wird. Dies führt zu einer Reihe von Symptomen, die von milden Hautirritationen bis hin zu schweren gesundheitlichen Problemen reichen können.

Anzeichen und Symptome von Allergien bei Hunden

Die Symptome einer Allergie bei Hunden können je nach Ursache der Allergie und individuellen Reaktion des Hundes variieren. Typische Anzeichen können jedoch Folgendes umfassen:

- Juckreiz und Kratzen, oft an bestimmten Stellen wie Ohren, Pfoten, Gesicht und Bauch
- Rötung und Entzündung der Haut
- Hefepilz- oder bakterielle Infektionen der Haut, die oft durch übermäßiges Kratzen verursacht werden
- Haarausfall oder Hautausschläge
- Ohrinfektionen
- Niesen, Husten oder andere Atembeschwerden
- Verdauungsprobleme wie Durchfall oder Erbrechen, insbesondere bei Nahrungsmittelallergien

Behandlung von Allergien bei Hunden

Die Behandlung von Allergien bei Hunden hängt von der Art der Allergie und der Schwere der Symptome ab. Einige gängige Behandlungsstrategien können Folgendes umfassen:

- Allergenvermeidung: Dies ist die effektivste Methode zur Behandlung von Allergien und beinhaltet die Identifizierung und Eliminierung der Allergie auslösenden Substanz aus der Umgebung des Hundes.
- Medikamente: Verschiedene Arten von Medikamenten können zur Behandlung von Allergiesymptomen bei Hunden verwendet werden, darunter Antihistaminika, Steroide und Cyclosporine.
- Immuntherapie: Bei dieser Behandlung wird der Hund regelmäßig mit kleinen Mengen des Allergens injiziert, um das Immunsystem allmählich an die Substanz zu gewöhnen und die allergische Reaktion zu reduzieren.
- Änderungen in der Ernährung: Wenn eine Nahrungsmittelallergie vermutet wird, kann eine Eliminationsdiät helfen, die spezifischen Lebensmittel zu identifizieren, die die Allergie auslösen.

Es ist wichtig zu beachten, dass die Behandlung von Allergien oft ein längerfristiger Prozess ist und Geduld erfordert. Zudem sollten alle Behandlungspläne in Absprache mit einem Tierarzt erstellt werden, um sicherzustellen, dass sie für den spezifischen Hund und seine Bedürfnisse geeignet sind.

Ekto- und Endoparasiten: Anzeichen und Behandlungsmöglichkeiten

Parasiten stellen eine erhebliche Bedrohung für die Gesundheit unserer Hunde dar. Sie können grob in zwei Kategorien unterteilt werden: Ektoparasiten, die auf der Haut oder im Fell des Hundes leben, und Endoparasiten, die im Inneren des Hundes leben. Jede Art von Parasit kann spezifische Symptome hervorrufen und erfordert spezifische Behandlungen.

Ektoparasiten

Zu den gängigen Ektoparasiten, die Hunde befallen können, gehören Flöhe, Zecken und Milben.

Anzeichen und Symptome:

- Juckreiz und Kratzen
- Rötung und Entzündung der Haut
- Haarausfall

- Beim Flohbefall können kleine, schnell bewegliche, dunkle Punkte im Fell des Hundes sichtbar sein
- Zecken sind oft als kleine, dunkle Klumpen auf der Haut des Hundes sichtbar

Endoparasiten

Zu den gängigen Endoparasiten gehören Herzwürmer, Hakenwürmer, Bandwürmer und Peitschenwürmer.

Anzeichen und Symptome:

- Gewichtsverlust
- Durchfall
- Erbrechen
- Husten
- Schwäche und Lethargie
- Im Falle von Herzwürmern können Symptome wie Atemnot, verminderte Ausdauer und sogar plötzlicher Tod auftreten

Behandlung

Die Behandlung von Parasitenbefall hängt von der Art des Parasiten ab, aber generell kann sie Folgendes umfassen:

Ektoparasiten-Behandlung:

Topische Behandlungen: Diese werden direkt auf die Haut des Hundes aufgetragen und können dazu beitragen, Parasiten abzutöten und zukünftigen Befall zu verhindern.
Oralmedikamente: Diese können helfen, Parasiten abzutöten und können oft einfacher anzuwenden sein als topische Behandlungen, insbesondere bei Hunden, die nicht gerne gebadet werden oder schwierig zu handhaben sind.
Umgebungsbehandlung: Bei starkem Befall kann es notwendig sein, das gesamte Zuhause des Hundes zu behandeln, um Parasiten abzutöten und zukünftigen Befall zu verhindern.

Endoparasiten-Behandlung:

Oralmedikamente: Diese sind die gängigste Behandlung für Endoparasiten und können dazu beitragen, Parasiten abzutöten und zukünftigen Befall zu verhindern.

Bei schwerem Befall kann eine Krankenhauseinweisung und intravenöse Flüssigkeitsbehandlung erforderlich sein, insbesondere wenn der Hund stark dehydriert ist oder an schwerem Durchfall oder Erbrechen leidet. Vorbeugung ist der Schlüssel zur Vermeidung von Parasitenbefall. Regelmäßige Parasitenkontrollen durch Ihren Tierarzt sind unerlässlich, ebenso wie die Einhaltung von Impfplänen und der Einsatz von vorbeugenden Behandlungen gegen Parasiten, wie von Ihrem Tierarzt empfohlen.

Für Ektoparasiten, insbesondere Flöhe und Zecken, sind regelmäßige Fellkontrollen wichtig, besonders nach Spaziergängen in der Natur. Verwenden Sie gegebenenfalls ein Floh- und Zeckenschutzmittel, das auf die Haut des Hundes aufgetragen oder oral verabreicht wird. Es ist auch hilfreich, das Wohn- und Schlafgebiet des Hundes sauber und frei von Parasiten zu halten.

Bei Endoparasiten ist es wichtig, den Kot Ihres Hundes regelmäßig zu kontrollieren, insbesondere wenn Ihr Hund Durchfall hat oder ungewöhnliche Kotgewohnheiten zeigt. Stellen Sie sicher, dass Ihr Hund sauberes Wasser trinkt und nicht aus Pfützen oder stehenden Gewässern trinkt, da diese oft Parasiteneier enthalten können. Geben Sie Ihrem Hund regelmäßig Entwurmungsmittel, wie von Ihrem Tierarzt empfohlen.

Im Falle eines Befalls ist es wichtig, sofort einen Tierarzt zu konsultieren, um eine geeignete Behandlung zu beginnen und weitere Ansteckungen zu verhindern. Bei korrekter Behandlung und guter Prävention können die meisten parasitären Infektionen erfolgreich kontrolliert werden, um die Gesundheit und das Wohlbefinden Ihres Hundes zu schützen.

Die Sache mit der Läufigkeit

Die Läufigkeit ist ein natürlicher Aspekt im Leben jeder weiblichen Hündin und Teil ihres Fortpflanzungszyklus. Es ist ein Prozess, der mit der Geschlechtsreife beginnt und bis ins hohe Alter fortbesteht, sofern die Hündin nicht kastriert wurde. Dieser Artikel wird die Phasen der Läufigkeit, Anzeichen und mögliche Verhaltensänderungen während dieser Zeit beleuchten.

Der Zyklus der Läufigkeit bei Hündinnen läuft in vier Hauptphasen ab:

Proöstrus: Dies ist die erste Phase der Läufigkeit, die zwischen wenigen Tagen bis zu zwei Wochen dauern kann. In dieser Phase bereitet sich der Körper der Hündin auf eine mögliche Schwangerschaft vor. Sie beginnt zu bluten, und ihre Vulva schwillt an. Obwohl sie noch nicht bereit für die Paarung ist, kann sie bereits das Interesse von Rüden wecken.

Östrus: Dies ist die Phase, in der die Hündin empfängnisbereit ist und oft als „Hitze" bezeichnet wird. Sie dauert etwa neun Tage, kann aber zwischen vier und vierzehn Tagen variieren. Das blutige Sekret wird in dieser Phase heller und wässriger, und die Hündin zeigt wahrscheinlich Interesse an Rüden.

Metöstrus (oder Diöstrus): In dieser Phase, die etwa zwei Monate dauert, ist die Hündin nicht mehr empfängnisbereit. Ihr Körper geht davon aus, dass sie trächtig ist, unabhängig davon, ob dies tatsächlich der Fall ist. Das bedeutet, dass ihr Körper Progesteron produziert, ein Hormon, das für die Aufrechterhaltung einer Schwangerschaft benötigt wird.

Anöstrus: Dies ist die Ruhephase zwischen den Zyklen. Sie kann mehrere Monate dauern und ist die einzige Phase, in der der Körper der Hündin nicht auf Reproduktion ausgerichtet ist.

Die Läufigkeit kann das Verhalten einer Hündin stark beeinflussen. Sie kann während dieser Zeit besonders anhänglich sein oder im Gegenteil eher unabhängig und distanziert wirken. Einige Hündinnen können auch ängstlicher oder reizbarer als gewöhnlich sein. Es ist wichtig, sich daran zu erinnern, dass jede Hündin individuell auf die Läufigkeit reagiert.

Die Läufigkeit kann auch gesundheitliche Auswirkungen haben. Während der Läufigkeit sind Hündinnen anfälliger für Infektionen der Gebärmutter, wie die Pyometra. Es besteht auch ein erhöhtes Risiko für bestimmte Arten von Brustkrebs. Wenn Sie nicht planen, mit Ihrer Hündin zu züchten, kann eine Kastration in Betracht gezogen werden, um diese Risiken zu vermindern.

Typisch aber nicht zwangsläufig.

Der Kangal ist ein kraftvoller, widerstandsfähiger Herdenschutzhund aus Anatolien, der über Jahrhunderte in rauer Umgebung gezüchtet wurde. Seine natürliche Robustheit, starke Konstitution und sein genügsames Wesen machen ihn zu einem insgesamt gesunden Hundetyp. Dennoch gibt es – wie bei jeder Rasse – bestimmte gesundheitliche Schwachstellen, die Kangal-Halter kennen sollten.

Hüftgelenksdysplasie (HD)
Eine der bekanntesten rassespezifischen Erkrankungen großer Hunderassen ist die Hüftgelenksdysplasie. Dabei handelt es sich um eine Fehlentwicklung des Hüftgelenks, die zu Arthrosen, Schmerzen und Bewegungseinschränkungen führen kann.

Typisch beim Kangal:
Aufgrund seiner Größe und seines Gewichts ist er besonders gefährdet. Symptome zeigen sich oft ab dem Jugendalter (ca. 6–12 Monate) durch Bewegungsscheu oder Steifheit.
Eine seriöse Zucht achtet auf HD-freie Elterntiere und lässt regelmäßig Röntgenuntersuchungen durchführen.

Ellenbogendysplasie (ED)
Wie bei vielen großwüchsigen Rassen kann auch die Ellenbogendysplasie beim Kangal auftreten. Sie betrifft die Gelenkflächen im Ellenbogen und führt zu Lahmheiten oder Gelenkschmerzen, besonders bei jungen Hunden.
Maßnahmen:
Frühe Diagnose per Röntgen.
Gelenkschonende Haltung im Wachstum.
Keine übermäßige körperliche Belastung in der Jugend.

Magendrehung
Große, tiefbrüstige Hunde wie der Kangal haben ein erhöhtes Risiko für eine Magendrehung (Torsio ventriculi) – eine akute, lebensbedrohliche Notlage, bei der sich der Magen um seine Achse dreht.
Anzeichen:
Unruhe, Speichelfluss, erfolgloses Erbrechen, aufgeblähter Bauch.
Sofortiger Notfall – Tierarztbesuch rettet Leben.

Entropium (Lidfehlstellung)
In seltenen Fällen kann beim Kangal ein sogenanntes Entropium auftreten – eine Fehlstellung des Augenlids, bei der die Lidkante nach innen gerollt ist. Dadurch scheuern die Wimpern auf der Hornhaut, was zu Schmerzen und Entzündungen führen kann.

Gelenksprobleme im Alter
Durch seine Masse neigt der Kangal im Alter – wie viele große Rassen – zu Arthrosen und Gelenksdegenerationen. Besonders betroffen sind Hüfte, Ellenbogen und Schulter.

Allgemeine Gesundheitsvorsorge
Auch wenn der Kangal grundsätzlich als ursprünglich, gesund und langlebig gilt (Durchschnittsalter: 10–13 Jahre), sollte seine Gesundheit sorgfältig begleitet werden.
Der Kangal ist ein robuster und vitaler Hund, aber seine Größe und genetische Veranlagung machen ihn anfällig für bestimmte orthopädische Erkrankungen und typische „Großhund-Probleme“.

Ihr Kangal wird alt.

Das Altern ist ein natürlicher Prozess, der jeden lebenden Organismus betrifft, einschließlich unserer geliebten Hunde. Wie Menschen durchlaufen auch Hunde verschiedene Stadien im Leben, von der Welpenzeit über die Adoleszenz bis hin zum Erwachsenenalter und schließlich zum Alter. Während diese Phase mit gewissen Herausforderungen verbunden ist, bringt sie auch eine einzigartige Freude und Zufriedenheit mit sich. In diesem Artikel werden wir uns darauf konzentrieren, was es bedeutet, einen älteren Hund zu haben, und wie Sie Ihren vierbeinigen Freund in dieser Phase optimal unterstützen können.

Erkennung des Alterns bei Hunden
Das Alter, in dem ein Hund als „alt" gilt, variiert je nach Rasse und Größe des Hundes. Kleinere Hunde tendieren dazu, länger zu leben und gelten oft erst ab einem Alter von etwa 10-12 Jahren als Senior. Es ist wichtig zu beachten,

Umrechnungstabelle Hunde-/Menschenalter			
Hundealter	Riesenrassen über 45 kg	Mittlere Rassen 15 - 45 kg	Kleine Rassen bis 15 kg
0,5	8	10	15
1	14	18	20
1,5	18	21	24
2	22	27	28
3	31	33	32
4	40	39	36
5	49	45	40
6	58	51	44
7	67	57	48
8	76	63	52
9	85	69	56
10	94	75	60
11	100	80	64
12		85	68
13		90	72
14		95	76
15		100	80
16			84
17			88
18			92
19			96
20			100

dass das Alter allein nicht unbedingt den Gesundheitszustand oder die Vitalität eines Hundes bestimmt. Viele ältere Hunde bleiben bis ins hohe Alter aktiv und gesund.

Einige Anzeichen, dass Ihr Hund älter wird, können beinhalten:

- Verminderte Aktivität oder Energie
- Veränderungen im Schlafmuster
- Gewichtszunahme oder -verlust
- Verminderte Seh- oder Hörleistung
- Veränderungen im Fell, wie z.B. Graufärbung oder erhöhter Haarausfall
- Veränderungen im Verhalten oder der Persönlichkeit
- Schwierigkeiten beim Aufstehen, Laufen oder Springen

Gesundheitliche Herausforderungen älterer Hunde

Mit dem Alter können verschiedene gesundheitliche Herausforderungen auftreten. Einige häufige Erkrankungen bei älteren Hunden sind:

- Arthritis: Diese entzündliche Erkrankung der Gelenke ist besonders bei älteren Hunden verbreitet und kann Schmerzen und Bewegungseinschränkungen verursachen.
- Zahnprobleme: Ohne regelmäßige Zahnpflege können sich im Laufe der Zeit Zahnstein und Zahnfleischerkrankungen entwickeln, die Schmerzen und Schwierigkeiten beim Fressen verursachen können.
- Herzerkrankungen: Mit zunehmendem Alter steigt das Risiko für Herzerkrankungen wie Herzinsuffizienz.
- Krebs: Ältere Hunde haben ein erhöhtes Risiko für verschiedene Arten von Krebs.
- Nieren- und Lebererkrankungen: Diese Organe können im Laufe der Jahre Schäden erleiden, was zu einer verminderten Funktion führen kann.
- Kognitive Dysfunktion: Ähnlich wie bei der Alzheimer-Krankheit beim Menschen können ältere Hunde Anzeichen von Verwirrung und Desorientierung zeigen.

Pflege und Unterstützung für ältere Hunde

Trotz der Herausforderungen, die das Alter mit sich bringt, gibt es viele Möglichkeiten, wie Sie Ihrem älteren Hund helfen können, ein glückliches und gesundes Leben zu führen.

Ernährung

Die Ernährungsbedürfnisse älterer Hunde unterscheiden sich von denen jüngerer Hunde. Ältere Hunde haben in der Regel einen langsameren Stoffwechsel und benötigen daher weniger Kalorien, um eine Gewichtszunahme zu vermeiden. Gleichzeitig können sie von einer Ernährung profitieren, die reich an hochwertigen Proteinen und Ballaststoffen ist und einen moderaten Fettgehalt hat. In einigen Fällen können spezielle Diäten oder Nahrungsergänzungsmittel hilfreich sein, insbesondere wenn Ihr Hund bestimmte gesundheitliche Probleme hat. Eine professionelle Ernährungsberatung kann dabei helfen, den individuellen Ernährungsbedarf Ihres älteren Hundes zu bestimmen.

Bewegung

Trotz möglicher Mobilitätseinschränkungen benötigen ältere Hunde weiterhin regelmäßige Bewegung, um fit und gesund zu bleiben. Die Art und Dauer der Bewegung sollte an die körperliche Verfassung des Hundes angepasst werden. Kurze, sanfte Spaziergänge oder leichtes Spielen können oft gut vertragen werden. Schwimmen kann eine gute Alternative für Hunde mit Gelenkproblemen sein, da es ein gelenkschonendes Training ermöglicht. Denken Sie daran, dass Bewegung auch wichtig ist, um geistig fit zu bleiben, so dass Aktivitäten, die Denkarbeit erfordern, wie Suchspiele oder Training von Tricks, auch hilfreich sein können.

Medizinische Versorgung

Ältere Hunde sollten regelmäßig vom Tierarzt untersucht werden, um frühzeitig Krankheiten zu erkennen und zu behandeln. Abhängig von der Gesundheit Ihres Hundes könnten diese Untersuchungen halbjährlich oder jährlich stattfinden. Ihr Tierarzt kann Ihnen auch bei Fragen zur Ernährung, Bewegung und Pflege Ihres älteren Hundes behilflich sein.

Komfort und Pflege

Ältere Hunde können empfindlicher gegenüber Kälte und Hitze sein und benötigen daher einen warmen, bequemen Schlafplatz. Orthopädische Betten können besonders für Hunde mit Arthritis oder anderen Gelenkproblemen hilfreich sein. Eine regelmäßige Pflege, einschließlich Bürsten und Baden, kann dazu beitragen, das Fell und die Haut Ihres Hundes gesund zu halten. Besondere Aufmerksamkeit sollte der Mundpflege gewidmet werden, um Zahnproblemen vorzubeugen.

Aktivitäten müssen sein!

Freizeit mit einem Kangal – Gemeinsam aktiv im Einklang mit seiner Natur

Der Kangal ist ein eindrucksvoller, kraftvoller Herdenschutzhund mit tief verwurzeltem Schutzinstinkt, hoher Eigenständigkeit und einer bemerkenswerten Ruhe.

Wer einen Kangal an seiner Seite hat, gewinnt nicht nur einen loyalen Wächter, sondern auch einen treuen Lebensbegleiter.

Doch wie gestaltet man die Freizeit sinnvoll mit einem Hund, der ursprünglich dazu gezüchtet wurde, Schafe in der Weite Anatoliens selbstständig zu bewachen?

Dieser Text beleuchtet vielfältige Möglichkeiten, wie man einen Kangal körperlich und geistig fordern und gleichzeitig seine natürlichen Anlagen respektieren kann.

Spaziergänge – mehr als nur Bewegung

Der Kangal braucht keine ausufernden Joggingtouren oder stundenlange Spielrunden mit Ball – dafür ist er nicht gemacht. Vielmehr liebt er es, gemeinsam mit seinem Menschen in einem ruhigen, beständigen Tempo zu gehen, zu beobachten und seine Umgebung wahrzunehmen.

Tipps für artgerechte Spaziergänge:

Mehrere tägliche Runden (je 30–60 Minuten) in ruhiger Umgebung.

Viel Schnüffelzeit einplanen – das fördert die geistige Auslastung.

Abwechslungsreiche Strecken mit Wäldern, Feldern oder ruhigen Wegen.

Schleppleine nutzen, wenn kein Freilauf möglich ist – so bleibt Raum zur Erkundung.

Wichtig: Ein Kangal sollte nicht unkontrolliert freilaufen. Sein unabhängiger Charakter kann dazu führen, dass er eigenständig Entscheidungen trifft – vor allem bei Wildsichtungen.

Kontrollierter Freilauf auf sicherem Gelände

Ein umzäunter Garten oder ein eingezäuntes Grundstück ist Gold wert für einen Kangal. Dort kann er sich frei bewegen, beobachten und seine Umgebung im Blick behalten – was seinem natürlichen Verhalten sehr entgegenkommt.

Gestaltungsideen für den Garten:

Plattformen oder Hügel zum Beobachten.

Rückzugsorte mit Schatten.

Robuste Spielzeuge (z. B. dicke Seile, Kauhölzer).

Tipp: Gartenzeit ist für einen Kangal echte Lebensqualität – hier kann er „seine Aufgabe" ernst nehmen, ohne ständig durch Reize überfordert zu werden.

Beschäftigung durch sinnvolle Aufgaben

Ein Kangal ist kein typischer „Spielhund", der auf jedes Spielzeug reagiert. Er schätzt vielmehr klare Aufgaben, die seiner Intelligenz und seinem Arbeitsinstinkt gerecht werden.

Mögliche Aktivitäten:

Wach- und Aufpassspiele: Bitten Sie ihn z. B., einen bestimmten Bereich des Gartens im Blick zu behalten – unter klarer Anleitung.

Suchspiele: Verstecken Sie Leckerlis oder Spielzeuge im Garten oder auf der Wiese. Anfangs leicht, später schwieriger.

Geruchsspiele: Nutzen Sie Duftöle oder Leckerli-Fährten – das fördert die Konzentration.

Tricks & Kommandos: Auch wenn Kangals eigensinnig sind – sie können bei positiver Motivation durchaus Tricks wie „Sitz", „Pfote" oder „Bleib" lernen.

Tipp: Motivation durch Futterlob oder ruhiges, aufrichtiges Lob wirkt beim Kangal besser als hektische Spielbelohnung.

Ausflüge – neue Eindrücke, neue Reize

Kangals brauchen nicht ständig Action, aber sie genießen es, mit ihren Menschen unterwegs zu sein. Wichtig ist dabei vor allem: Sicherheit, Ruhe und Struktur.

Geeignete Ausflugsziele:

Weitläufige Wiesen- oder Waldwege.

Hundestrände mit klaren Abgrenzungen (bei guter Leinenführigkeit).

Bauernhöfe oder ländliche Regionen.

Campingausflüge oder Hüttenurlaube mit Hund.

Weniger geeignet: Menschenmassen, belebte Stadtzentren oder überfüllte Parks.

Gemeinsame Ruhezeiten

Ein oft unterschätzter Teil gemeinsamer Freizeit ist die bewusste Ruhe. Der Kangal liebt es, in der Nähe seines Menschen zu sein – auch, wenn gerade nichts passiert.

Rituale schaffen Nähe:

Gemeinsames Sitzen im Garten oder auf der Terrasse.

Ruhige Abende auf dem Sofa (wenn der Hund das darf).

Entspannungsübungen mit leiser Musik oder ruhigem Streicheln.

Diese stillen Momente fördern Vertrauen, Entspannung und Bindung – ohne große Worte oder Kommandos.

Hundesport? Ja – aber angepasst

Klassischer Hundesport wie Agility oder Flyball ist für den Kangal meist nicht geeignet – zu hektisch, zu sinnlos aus seiner Sicht. Dennoch gibt es Alternativen, die auch dem Herdenschutzhund Freude bereiten können.

Empfehlenswerte Alternativen:

Zughundesport (Canicross oder Dogscooter): Bei kräftigen, bewegungsfreudigen Kangals mit gutem Grundgehorsam kann das eine gute Auslastung sein.

Mantrailing oder Fährtenarbeit: Erfordert Geduld, aber viele Kangals sind für Nasenarbeit sehr zu begeistern.

Longieren mit Hund: Langsam aufgebaut, stärkt es die Orientierung am Menschen.

Achtung: Diese Sportarten sollten immer auf ruhige Weise, mit positiver Verstärkung und ohne Leistungsdruck angeboten werden.

Kinder und Familie einbinden

Auch in der Familienfreizeit ist der Kangal ein treuer Begleiter – wenn klare Regeln gelten.

Geeignete Aktivitäten:

Spazierengehen mit Kind und Hund (unter Aufsicht).

Leichte Trickübungen, bei denen auch Kinder Kommandos geben dürfen.

Gemeinsames Picknick mit ruhigem Beisammensein.

Wichtig: Kinder sollten nie unbeaufsichtigt mit dem Hund sein, und der Hund muss auch Rückzugsorte haben.

Fazit: Freizeit mit dem Kangal – Qualität vor Quantität

Ein Kangal braucht keine Dauerbespaßung – er braucht klare Aufgaben, ein Gefühl von Verantwortung und Nähe zu seinem Menschen.

Wer das versteht, kann mit seinem Kangal eine erfüllende Freizeit erleben, die von gegenseitigem Respekt, Vertrauen und tiefer Verbundenheit geprägt ist.

Die Devise lautet: Beobachten statt Überreizen, Begleiten statt Bedrängen – und so entsteht eine außergewöhnliche Partnerschaft zwischen Mensch und Hund.

Die schönste Zeit des Jahres.

Lassen Sie uns über das Thema Reisen mit Ihrem geliebten Kangal sprechen. Schließlich möchte keiner von uns ohne seinen vierbeinigen Begleiter verreisen, oder?! Wenn es irgendwie möglich ist, sollten Sie versuchen, Ihren vierbeinigen Kumpel während des Urlaubs bei einem guten Freund zu „parken“, den er bereits kennt, anstatt ihn in einer Hundepension oder einem Hundehotel unterzubringen. Aber am allerbesten ist es, wenn Sie Ihre Reise so planen, dass Ihr Vierbeiner Sie begleiten kann. Schließlich möchte er auf jeden Fall bei Ihnen sein, auch während der Ferien. Und keine Sorge, es ist gar nicht so schwer, Ihren Hund mit in den Urlaub zu nehmen, solange Sie ein paar grundlegende Dinge beachten.

Wenn Sie mit Ihrem Hund in den Urlaub fahren, entscheiden sich die meisten von Ihnen für das Auto. Nur wenige wählen das Flugzeug oder die Bahn für die Reise. Das Auto bietet einfach so viele Vorteile: Sie können alles mitnehmen, was Ihr Hund braucht, und haben alles griffbereit. Außerdem können Sie selbst entscheiden, wann Sie Pausen machen und wie lange Sie sie machen. Und auch am Urlaubsort bleiben Sie mobil. Aber bitte sorgen Sie unbedingt dafür, dass Ihr Hund sicher im Auto untergebracht ist. Das ist wichtig für seine und Ihre Sicherheit und außerdem Pflicht bei Autofahrten.

Mit dem Auto

Wenn Sie einen kleinen oder jungen Hund haben, können Sie ihn vor dem Beifahrersitz auf dem Boden unterbringen. Aber achten Sie darauf, dass Ihr Beifahrer genügend Beinfreiheit hat, sonst wird die Fahrt schnell unbequem. Es gibt Hunde, denen schlecht wird, wenn sie während der Fahrt nicht aus dem Fenster schauen können. Wenn Ihr Hund zu denen gehört, gehört er definitiv auf den Rücksitz. Dort gilt auch für ihn die Anschnallpflicht. Es gibt verschiedene Gurtsysteme, die in praktisch jedes Auto passen. Sie geben Ihrem Hund Halt und Bewegungsfreiheit. Sie können Sicherheitsgurte im Zoofachmarkt oder online bei den bekannten Versandhändlern bekommen. Ach ja, besorgen Sie sich am besten auch gleich eine Sicherheitsdecke, die zwischen den Vorder- und Rücksitzen angebracht wird. Sie verhindert, dass Ihr Hund während der Fahrt nach vorne springt oder bei starkem Bremsen zwischen die Sitze rutscht.

Nehmen Sie Rücksicht

Machen Sie spätestens alle 2 Stunden eine Pause, im Sommer vielleicht sogar öfter. Leinen Sie Ihren Hund an, bevor Sie die Fahrzeugtür öffnen, und machen Sie einen kleinen Spaziergang, damit er sich lösen kann. Bieten Sie ihm auf jeden Fall frisches Wasser und einen gesunden Snack an. Hunde sind besonders empfindlich gegen Hitze. Sorgen Sie also für frische, kühle Luft im Auto, am besten über die Klimaanlage. Und fahren Sie nicht mit offenen Fenstern oder im geöffneten Cabrio, damit sich Ihr Hund keinen Windzug einfängt oder sogar aus dem Auto springt. Pflegen Sie einen sanften Fahrstil, verzichten Sie auf ruckartiges Beschleunigen und scharfes Bremsen. Nehmen Sie in den Kurven das Tempo etwas raus. Manche Hunde werden beim schnellen Fahren und den Geräuschen der Reifen sehr unruhig.

Mit dem Flugzeug

Die verschiedenen Fluggesellschaften haben unterschiedliche Regeln und Tarife für die Mitnahme von Hunden, daher ist es wichtig, sich frühzeitig darüber zu informieren. Große Hunde müssen in der Regel in einer speziellen Transportbox im Frachtraum reisen, aber Ihr kleiner Welpe hat Glück! Kleine

Hunde bis zu einem Gewicht von etwa 8 kg dürfen oft als „Handgepäck“ in einer Transporttasche mit in die Kabine genommen werden. Beachten Sie jedoch, dass die Plätze begrenzt sind, daher ist es ratsam, frühzeitig zu buchen. Die Unterbringung im Frachtraum kann für Ihren Hund extrem stressig sein und sollte nur in Ausnahmefällen und für längere Reisen in Betracht gezogen werden.

Mit der Bahn

Fast überall in Europa ist es erforderlich, für Bahnreisen mit Ihrem Hund zusätzlich ein Ticket im Kindertarif zu lösen, und in einigen Fällen zahlen Sie sogar den halben Preis Ihres eigenen Tickets. Kleine Hunde wie Ihr Welpe dürfen oft sogar kostenlos mitreisen, aber informieren Sie sich bitte vor der Reise bei der jeweiligen Bahngesellschaft. Beachten Sie, dass Hunde im Zugrestaurant keinen Zutritt haben und Ihr Kangal nur in den Schlaf- oder Liegewagen mitkommen darf, wenn Sie das gesamte Abteil mieten.

Der EU-Heimtierpass

Wenn Sie innerhalb der Europäischen Union reisen, ist der EU-Heimtierpass ein Muss. Sie erhalten ihn von Ihrem Tierarzt oder bereits beim Kauf von einem seriösen Züchter. Der Pass enthält Angaben zu Ihrem Hund, wie zum Beispiel den Impfstatus und die Mikrochip-Nummer. Seit Januar 2011 ist ein Mikrochip zur Identifikation obligatorisch, und eine Tätowierung reicht nicht mehr aus. Eine gültige Tollwutimpfung ist besonders wichtig und sollte mindestens 30 Tage vor der Reise durchgeführt worden sein. Sie darf nicht älter als 1 Jahr sein. Beachten Sie auch, dass es in einigen Ländern zusätzliche spezielle Anforderungen gibt, die sich von Zeit zu Zeit ändern können.

Worauf sollten Sie achten?

Unterkunft

Informieren Sie das Hotel oder die Ferienwohnung vor der Anreise darüber, dass Sie Ihren Hund mitbringen, und reservieren Sie einen Platz für seinen Korb sowie Futter- und Wassernäpfe. Um zu verhindern, dass Ihr Hund in der fremden Umgebung entwischt, halten Sie insbesondere die Zimmertür geschlossen. Sorgen Sie dafür, dass das Hotelpersonal Ihr Zimmer nicht betritt, wenn Ihr Hund dort alleine ist.

Gewohnheiten

Halten Sie sich am gewohnten Tagesrhythmus Ihres Hundes fest. Versuchen Sie, die Fütterungszeiten und Gassigänge nicht zu ändern.

Ernährung

Nehmen Sie ausreichend Fertigfutter mit, das Ihr Hund gewohnt ist, um ihm eine Futterumstellung zu ersparen. Falls Sie Ihren Hund roh füttern, sollten Sie auch am Urlaubsort entsprechendes Futter finden können.

Klima

Südliche Sonne mag für uns Menschen eine Wohltat und eine willkommene Abwechslung zu den vergleichsweise kühlen Temperaturen bei uns sein, aber für Hunde kann es eine ganz andere Geschichte sein. Planen Sie gemeinsame Aktivitäten daher am besten in die kühleren Tageszeiten, um Ihrem Kangal Unannehmlichkeiten zu ersparen.

Am Strand

Verbringen Sie mit Ihrem Hund nicht länger als zwei Stunden am Strand und bieten Sie ihm unbedingt einen schattigen Platz an. Stellen Sie sicher, dass er jederzeit Zugang zu frischem Wasser hat und spülen Sie sein Fell nach einem Bad im Meer immer mit Süßwasser ab. Achten Sie auf Strandverbote, da nicht überall Hunde erlaubt sind und es möglicherweise verschiedene Regeln für verschiedene Tageszeiten gibt.

Versicherung

Bevor Sie Ihre Reise antreten, überprüfen Sie, ob Ihre Tierhaftpflichtversicherung auch im Ausland gilt, und passen Sie den Versicherungsumfang gegebenenfalls an.

Registrierung

Spätestens jetzt ist es an der Zeit, Ihren Hund bei TASSO registrieren zu lassen. Die Registrierung ist genauso kostenlos wie der Suchdienst, falls Ihr Vierbeiner im Urlaub verloren gehen sollte.

Es versteht sich von selbst, dass Ihr Hund gechippt sein muss. Zusätzlich sollten Sie ihn mit einer Marke versehen lassen, auf der Ihre Heimat- und

Urlaubsadresse sowie Ihre Handynummer vermerkt sind. Dadurch kann er leichter zu Ihnen zurückgebracht werden, falls er mal ausbüchst.

Also, Sie reisefreudiger Hundebesitzer, mit den richtigen Vorbereitungen und ein wenig Planung können Sie Ihren Kangal ohne Probleme mit in den Urlaub nehmen. Egal ob mit dem Auto, dem Flugzeug oder der Bahn, achten Sie immer auf die Sicherheit und das Wohlbefinden Ihres Hundes während der Reise. Informieren Sie sich über die spezifischen Bestimmungen und sorgen Sie dafür, dass Sie alle erforderlichen Dokumente wie den EU-Heimtierpass griffbereit haben.

Vergessen Sie nicht, an alles zu denken, was Ihr Hund während des Urlaubs benötigt: sein gewohntes Futter, Wasser, Spielzeug, Körbchen und alles, was ihm ein Gefühl von Zuhause vermittelt. Planen Sie Pausen ein, lassen Sie Ihren Hund ausreichend Gassi gehen und sorgen Sie für frische Luft und angemessene Temperaturen im Fahrzeug. Beachten Sie die Strandregeln und sorgen Sie dafür, dass Ihr Hund jederzeit gut versichert ist.

Mit diesen Tipps steht einem tollen Urlaub mit Ihrem Kangal nichts im Wege. Also packen Sie Ihre Koffer, schnappen Sie sich Ihren vierbeinigen Begleiter und los geht's! Zusammen werden Sie unvergessliche Abenteuer erleben und eine großartige Zeit miteinander verbringen. Viel Spaß und gute Reise!

So soll der Kangal sein.

Der Kangal ist eine der ältesten und ursprünglichsten Hunderassen der Welt. Seit Jahrhunderten bewacht er in der Weite Anatoliens Schafe und Ziegen vor Wölfen, Bären und anderen Gefahren.

Sein Erscheinungsbild, sein Verhalten und seine Fähigkeiten sind durch diese jahrhundertelange Arbeit unter extremen Bedingungen geformt worden. Der Rassestandard des Kangal spiegelt diese Herkunft wider – funktional, kraftvoll und souverän.

Allgemeines Erscheinungsbild

Der Kangal ist ein großer, kräftiger, aber gut proportionierter Hund mit einem imposanten, aber nicht aggressiven Auftreten. Er vereint Würde, Selbstbewusstsein und Wachsamkeit in einem zurückhaltenden, ruhigen Wesen.

Körperbau: Robust, muskulös, aber nicht massig. Gut ausgewogene Proportionen.
Bewegung: Fließend, raumgreifend, mit viel Ausdauer.
Charakter: Ruhig, wachsam, loyal. Fremden gegenüber reserviert, seiner Familie gegenüber sehr anhänglich.

Größe und Gewicht
Rüden: Schulterhöhe 74–81 cm, Gewicht ca. 50–65 kg
Hündinnen: Schulterhöhe 71–79 cm, Gewicht ca. 40–55 kg
Wichtig ist ein harmonisches Größenverhältnis – zu kleine oder zu massige Tiere entsprechen nicht dem Standard.

Kopf
Der Kopf des Kangals ist breit, kräftig und verhältnismäßig groß, jedoch stets im Einklang mit dem Körper.
Schädel: Breit mit leichter Wölbung, deutlicher Stop.
Fang: Breit, nicht spitz zulaufend, mit kräftigem Kiefer.
Nase: Schwarz, groß, gut geöffnet.
Lefzen: Schwarz pigmentiert, mäßig entwickelt, nie lose.
Augen: Mittelgroß, mandelförmig, in Braun- bis Bernsteintönen. Ausdruck ruhig, aufmerksam und intelligent.
Ohren: Dreieckig, mittelgroß, hängend anliegend. Bei Arbeitslinien in der Türkei manchmal kupiert, im FCI-Raum verboten.

Hals
Beschaffenheit: Mäßig lang, stark bemuskelt, leicht gebogen.
Besonderheiten: In der Ruhehaltung meist tiefer getragen als in Aufmerksamkeit oder Bewegung.

Körper
Rücken: Gerade, kräftig, mittellang.
Brust: Tief, gut gewölbt, aber nicht tonnenförmig.
Lenden: Kurz, muskulös.
Kruppe: Mäßig abfallend, breit.

Rute
Die Rute ist mittellang bis lang, hoch angesetzt, dick am Ansatz und läuft zur Spitze hin dünner aus. In Ruhe hängend, in Erregung meist sichelförmig über dem Rücken getragen.

Gliedmaßen
Vorderläufe: Gerade, kräftig, gut bemuskelt.
Hinterläufe: Breit, muskulös, gut gewinkelt.
Pfoten: Groß, rundlich, mit festen, dunklen Ballen.
Gangwerk: Effizient, federnd, mit großer Reichweite – ideal für weite Strecken.

Fell und Farbe
Fell: Kurz bis mittellang, dicht, mit dicker Unterwolle. Das Deckhaar ist wetterbeständig – ideal für extreme Temperaturen.
Farbe: Typisch ist das einfarbige Hellgrau bis Beige (oft als „Weizenfarben" bezeichnet), mit dunkler Maske („Schwarze Maske"), manchmal dunklen Ohrspitzen.
Unzulässige Farben: Große weiße Abzeichen, geschecktes Fell oder fehlende Maske gelten als zuchtausschließend.

Wesen und Verhalten
Charakter: Selbstsicher, ruhig, treu, beschützend.
Typisch: Der Kangal trifft Entscheidungen selbstständig – ein echtes Erbe seiner Aufgabe als Herdenschutzhund.
Sozialisierung: Wichtig ab dem Welpenalter, da er sonst übermäßig misstrauisch oder territorial werden kann.
Bindung: Stark zu seiner Familie, sanft zu Kindern, aber zurückhaltend zu Fremden.

Besonderheiten
Der Kangal ist kein typischer Gebrauchshund, der durch Spieltrieb oder Arbeitsfreude besticht. Stattdessen zeigt er Verantwortungsbewusstsein, hohe Frustrationstoleranz und Selbstkontrolle. Seine Aufgabe war nie das Jagen oder Gehorchen, sondern das selbstständige Beschützen und Entscheiden.

Fazit
Der Rassestandard des Kangals beschreibt nicht nur sein Äußeres, sondern auch seine außergewöhnlichen inneren Qualitäten. Er ist kein Modehund, sondern ein Arbeitshund mit Charakter – und seine Haltung erfordert Wissen, Geduld und Respekt vor seinem Wesen.

Wer dem Kangal gerecht wird, wird in ihm jedoch einen treuen Wächter, einen verlässlichen Partner und einen tief verbundenen Gefährten finden – ganz im Sinne seines jahrhundertealten Ursprungs.

Ein imposanter Hund.

„Der Hund ist der einzige Freund, den man sich für Geld kaufen kann – und der es wert ist.“

– Fritz Herdi-

Ordnung muss sein - zum Wohl der Rasse!

Die Fédération Cynologique Internationale (FCI), yeah, das ist die internationale Supertruppe, die sich voll und ganz der Förderung und Entwicklung von Hunderassen verschrieben hat. Die haben's richtig drauf! Gegründet wurde die FCI 1911 in Belgien und hat ihren Hauptquartier in Thuin, Belgien. Da geht's richtig zur Sache!

Die FCI ist so ‚ne Art Boss, der über nationale Hundeclubs aus der ganzen Welt aufpasst. Momentan hat die FCI Mitgliedsverbände aus 98 Ländern und Gebieten. Diese Mitgliedsverbände sind dafür verantwortlich, Hunderassen in ihrem Land zu züchten, zu schützen und zu registrieren. Die arbeiten eng mit der FCI zusammen, um Standards für die einzelnen Rassen festzulegen und zu fördern. Gemeinsam rocken sie die Hunde-Welt!
Die FCI hat über 360 Rassen voll anerkannt, das ist echt beeindruckend! Und die haben die Rassen in 10 coole Gruppen aufgeteilt, je nach Verwendungs-

zweck oder Herkunft. Da haben wir die Jäger, die Schäferhunde, die Terrier, die Pinscher, die Schnauzer, die Molosser, die Begleit- und Gesellschaftshunde, die Windhunde und die Nicht-Sportlichen Hunde. Ja, da ist für jeden was dabei!

Aber die FCI ist nicht nur für die Show da, nein, nein! Die setzen sich richtig für das Wohlbefinden und die Gesundheit der Hunde ein. Die haben da klare Richtlinien für Züchter und Halter, um sicherzustellen, dass die Hunde vernünftig gezüchtet, gehalten und geschützt werden. Respekt, FCI! Die kümmern sich auch um die Ausbildung von Züchtern, Trainern und Richtern. Da läuft alles wie geschmiert!

Und die FCI ist auch mega wichtig für die Hunde mit den internationalen Ambitionen. Die geben nämlich die offiziellen Ahnentafeln (so ,ne Art Geburtsurkunde) raus, damit jeder sehen kann, dass ein Hund wirklich reinrassig ist und von einer bestimmten Zuchtlinie stammt. Ohne die Tafeln geht's nicht auf die großen Shows und Wettbewerbe, also ist das schon echt wichtiges Zeug!

Insgesamt spielt die FCI eine mega wichtige Rolle, wenn's um die Förderung und den Schutz von Hunderassen auf der ganzen Welt geht. Die sorgen dafür, dass die Hunde ordentlich gezüchtet, gehalten und geschützt werden und dass für jede Rasse klare Standards gelten. Damit wollen sie sicherstellen, dass unsere felligen Freunde gesund, glücklich und voll funktionsfähig sind. Yeah, FCI, weiter so!

Hier finden Sie die echten Fachleute.

Rassezuchtvereine.

Ich habe bereits mehrfach im Buch darauf hingewiesen, dass Sie einen Welpen am besten von einem verantwortungsvollen Züchter kaufen sollten, der dem VDH, der SKG oder dem ÖKV angeschlossen ist.

Solche Züchter sind in Rassezuchtvereinen organisiert, die ein strenges Zuchtreglement haben. Die Adressen solcher Vereine erhalten Sie bei den nationalen Dachverbänden:

Österreich:
Österreichischer Kynologenverband
www.oekv.at

Schweiz:
Schweizerische Kynologische Gesellschaft
www.skg.ch

Deutschland:
Verband für das Deutsche Hundewesen (VDH) e. V.
Westfaendamm 174
44141 Dortmund
www.vdh.de

Hundeschulen sind hier zu finden:

BHV - Berufsverband der Hundeerzieher/innen und Verhaltensberater/innen e.V.
Geschäftsstelle
Christiane Backes
Alt Langenhain 22
65719 Hofheim
Tel.: +49 (0) 61 92 - 9 58 11 36
E-Mail: info@hundeschulen.de

TASSO e.V. und FindeFix sind zwei führende Organisationen in Deutschland, die sich auf die Registrierung und das Auffinden verlorener Haustiere spezialisieren.

Beide bieten wertvolle Dienstleistungen an, um vermisste Tiere wieder mit ihren Besitzern zu vereinen, und ergänzen sich in ihren Bemühungen, das Wohlergehen von Haustieren zu fördern.

TASSO e.V.

TASSO e.V. ist Europas größtes Haustierregister mit Millionen registrierter Tiere. Die Organisation bietet einen kostenlosen Service zur Registrierung von Haustieren, die mit einem Mikrochip oder einer Tätowierung gekennzeichnet sind.
TASSO arbeitet daran, verlorene Tiere zu identifizieren und sie sicher zu ihren Besitzern zurückzubringen. Dies wird durch eine umfangreiche Datenbank ermöglicht, in der die Identifikationsnummern der Mikrochips oder Tätowierungen zusammen mit den Kontaktdaten der Besitzer gespeichert sind.
Zusätzlich bietet TASSO einen 24-Stunden-Notfall-Service, eine verlorene-und-gefundene-Datenbank und verschiedene Informationskampagnen zum Thema Tierregistrierung und -schutz.

FindeFix - Das Haustierregister des Deutschen Tierschutzbundes

FindeFix ist eine Initiative des Deutschen Tierschutzbundes und dient ebenfalls der Registrierung von Haustieren, vor allem von Hunden und Katzen.

Ähnlich wie TASSO verwendet auch FindeFix die Mikrochip-Technologie, um verlorene Haustiere zu identifizieren und zu ihren Besitzern zurückzuführen.

Die Registrierung bei FindeFix ist ebenfalls kostenlos.

Neben der zentralen Registrierungsdienstleistung bietet FindeFix Informationen und Unterstützung für Haustierbesitzer, darunter Ratschläge für den Fall des Verlusts eines Haustieres.

Zusammenfassung und Bedeutung

Sowohl TASSO als auch FindeFix spielen eine entscheidende Rolle im Tierschutz in Deutschland.

Durch die Bereitstellung von Registrierungs- und Rückführungsdiensten tragen sie dazu bei, die Sicherheit von Haustieren zu erhöhen und das Leid von verlorenen Tieren und ihren Besitzern zu verringern.

Die Registrierung bei solchen Organisationen ist ein wichtiger Schritt für verantwortungsbewusste Haustierbesitzer. Sie erhöht die Wahrscheinlichkeit, dass ein verlorenes Tier schnell und sicher nach Hause zurückkehrt.

Diese Organisationen ergänzen die Arbeit von lokalen Tierheimen und Tierschutzvereinen und bilden ein wichtiges Netzwerk zum Schutz und zur Fürsorge für Haustiere.

Die Dienste von TASSO und FindeFix sind beispielhaft für moderne Ansätze im Tierschutz und in der Tierregistrierung, die darauf abzielen, das Wohlergehen von Haustieren zu gewährleisten und die Bindung zwischen Tieren und ihren Besitzern zu stärken.

TASSO e.V.

FINDEFIX

Das Haustierregister
des Deutschen Tierschutzbundes

Hat Ihnen dieses Buch gefallen?

Hallo zum Schluß, liebe Leserin und lieber Leser!

Wenn Sie mein Buch vom Anfang bis hier her gelesen haben, waren das jetzt über 170 Seiten, die Sie studiert und mir dabei erlaubt haben, Sie dabei zu begleiten. Das macht mich unglaublich stolz und ich hoffe, Sie hatten Spaß beim Lesen und konnten wichtige Informationen für Sie ganz persönlich umsetzen.

Natürlich hätte ich dieses Buch niemals alleine herausgeben können, ein fleissiges und total Hunde verrücktes Team hat mir bei vielen Dingen wie den Fotos, dem Layout, der Grafik und vielem mehr geholfen - es handelt sich also um das Ergebnis einer einzigartigen und freundschaftlichen Teamarbeit.

Und wenn Ihnen die letzten über 170 Seiten eine angenehme, kurzweilige Zeit beschert haben und meine Tipps Ihnen helfen konnten, empfehlen Sie dieses Buch doch bitte weiter. Ich freue mich über jede einzelne neue Leserin und jeden einzelnen neuen Leser!

Erlauben Sie mir eine kleine Bitte zum Schluß: Wenn Ihre Zeit es zulässt, hinterlassen Sie doch bitte eine nette Rezension auf amazon oder dort, wo Sie es gekauft haben, für dieses Buch. Wir freien Autoren haben keinen mächtigen Großverlag hinter uns. Um auf dem großen Buchmarkt bestehen zu können, sind es vor allem die Rezensionen bei amazon + Co., die den „kleinen" Schreibern und dem Team im Hintergrund helfen.

Auch ein Posting in den sozialen Netzwerken wäre natürlich toll!

Dafür danke ich Ihnen ganz herzlich!

Alles Gute für Sie und Ihren Hund,

Alpay Kaya & Team!